Wilhelm Busch · Von Bethlehem bis Rom

W0064820

Wilhelm Busch

Von Bethlehem bis Rom

Predigten zum Kirchenjahr

Aussaat

ABCteam-Bücher erscheinen in folgenden Verlagen:
Aussaat Verlag Neukirchen-Vluyn
R. Brockhaus Verlag Wuppertal und Zürich
Brunnen Verlag Gießen und Basel
Christliches Verlagshaus Stuttgart
Oncken Verlag Wuppertal und Kassel

3. Auflage 1997

© 1955 Aussaat Verlag, Zweigniederlassung der Verlagsgesellschaft
des Erziehungsvereins mbH, Neukirchen-Vluyn
Titelgestaltung: Hartmut Namislow, Neukirchen-Vluyn
Gesamtherstellung: Breklumer Druckerei Manfred Siegel KG
Printed in Germany
ISBN 3-7615-3568-6
Bestellnummer 113 568

Inhalt

Euch ist heute der Heiland geboren

Menschen unter dem Kreuz

Osterfragen

Gott fährt auf mit Jauchzen

Der Geist der Gnaden hat sich eingeladen

Vater, Sohn und Heiliger Geist

Christen in Rom

VORWORT

Wilhelm Busch hat durch Jahrzehnte hindurch Sonntag um Sonntag ge-
predigt. Wenn er jedoch einmal selbst nicht auf der Kanzel stand, verfaßte
er für das Verteilblatt „Kirche am Markt" eine Predigt. Nie benutzte er
zweimal dieselbe Bibelauslegung. Die Quellfrische des Wortes Gottes hielt
ihn vital. So wurde er mitten in einer an biblischer Verkündigung immer
ärmer werdenden Kirche und Welt ein „Brunnenmacher" (so hieß Johann
Albrecht Bengel das), der das verstopfte Brunnenrohr wieder zum Laufen
brachte.

Das Besondere an Buschs Verkündigung war jedoch, daß er persönlich und
in seiner Seelsorge in Abgründe der Hölle geschaut hatte und daß er darum
nie Harmlosigkeiten predigte. Seinem Wort spürte man die Sorgen ab:
Menschen sollen nicht verloren bleiben! Darum bezeugte er Jesus Christus,
den Retter ohnegleichen – wie wenige andere.

Weil Menschen bis heute diesen Heiland Jesus kennenlernen sollen, gehen
Wilhelm Buschs Predigten aufs neue ins Land. Dabei geht es um *mehr* als
um Wilhelm Busch!

„O, Land, Land, Land, höre des Herrn Wort!"

Korntal, im Dezember 1996   Rolf Scheffbuch

Entschuldigen Sie, verehrter Leser!

Eigentlich wollte ich ein „Vorwort" schreiben. Aber dann ging mir auf, daß dies „Vorwort" nur eine Bitte um Entschuldigung sein kann. Wofür?

Vor allem dafür, daß ich es überhaupt wage, meine Predigten einer größeren Öffentlichkeit vorzulegen. Was ich selbst von diesen Predigten halte? Offen gestanden — ich lese lieber eine Predigt von Hofacker, Spurgeon, Rosenius, G. D. Krummacher oder von sonst einem der von Gott legitimierten Erweckungsprediger. Aber diese Leute haben zu einer Zeit gesprochen, als man eine große Bibelkenntnis voraussetzen durfte und als die Menschen sich noch zwei Stunden lang konzentrieren konnten mit ihren Gedanken.

Die Menschen von heute sind anders. Sie kennen die Bibel kaum. Man muß ihnen die biblischen Geschichten neu erzählen. Und lange zuhören können die Menschen von heute auch nicht.

Darum finden die alten Erweckungsprediger nicht mehr das Ohr der Menschen von heute. Weil aber doch Predigten unter das Volk müssen — für uns ist dies ein „Muß"! —, bleibt eben nichts anderes übrig, als daß wir unsere Predigten drucken lassen — wir, die wir bei jenen Erweckungspredigern zu lernen suchen. Wir Prediger von heute haben nicht die Vollmacht dieser Männer. Wir haben nicht die Gewalt ihrer Sprache. Wir haben nicht ihre Liebe und nicht ihren Ernst.

Wir haben allerdings dasselbe Wort Gottes. Und dieselbe Verpflichtung wie jene: „Wir können's ja nicht lassen, daß wir nicht reden sollten, was wir gesehen und gehört haben" (Apg. 4, 20). Und außerdem — das eben ist unser Vorteil — sind wir Kinder unserer Zeit. Damit bin ich aber schon beim zweiten, weswegen ich mich entschuldigen muß.

Man merkt diesen Predigten je und dann das Zeitkolorit an. Die Erregung über Tagesfragen färbt ab und zu die Predigten. Ich halte das für einen Mangel. Die Predigten der alten Erweckungsprediger sind heute genauso aktuell wie vor 100 Jahren. Oder vielmehr: ebenso wenig aktuell. Jedenfalls kann man sie heute genauso gut lesen wie damals, ohne daß man sich erst über die damaligen Tagesfragen orientieren muß.

Daran wird deutlich, daß der Prediger nicht einen Beitrag zu den aktuellen Problemen zu geben hat, sondern daß er ein ewiges Evangelium verkündigen darf. Wenn es gehört wird und die Hörer sich bekehren, geben diese gewiß auch ihren Beitrag zu den Fragen der Zeit.

Es hat mir tiefen Eindruck gemacht, daß Professor Karl Barth beim Ausbruch des harten „Kirchenkampfes" im nationalsozialistischen Deutschland uns den Rat gab: „Weiterpredigen, als wenn nichts geschehen wäre!"

Und noch eine Entschuldigung: Der Saal, in dem ich predige, liegt nahe beim Essener Hauptbahnhof. So kommt es, daß da neben der treuen Predigtgemeinde allerlei „Laufkundschaft" hereinschneit. Denen bin ich verpflichtet, die biblischen Geschichten immer wieder neu zu erzählen. Das gibt allerlei Wiederholungen und Überschneidungen. Die mag der Leser freundlich entschuldigen. Mir geht es wie dem Paulus, welcher sagte: „Daß ich euch immer einerlei sage, verdrießt mich nicht und macht euch desto gewisser."

Und zum Schluß: Die Botschaft, die ich verkündige, bedarf keiner Entschuldigung. Sie ist ewige Wahrheit: Rettung für Verlorene! Große Gewißheit! Weg des Lebens! — Nein, wegen der Botschaft entschuldige ich mich nicht! Es geht mir abermals wie dem Paulus: „Ich schäme mich des Evangeliums von Christo nicht. Denn es ist eine Gotteskraft."

Essen, im September 1955   Wilhelm Busch

„Euch ist heute der Heiland geboren"

Die Krippe

„. . . und legte ihn in eine Krippe."   Lukas 2, 7

Wenn die Weihnachtsgeschichte nur ein Märchen wäre, wäre sie doch schon bezaubernd schön durch den eigenartigen Gegensatz: Hier die schreckliche Armseligkeit im Stall — dort der unendliche Glanz auf dem Hirtenfeld.

Aber nun bekommt diese wundervolle Geschichte ihre größte Schönheit dadurch, daß sie eben kein Märchen, sondern ein wahrer Bericht ist über das, was Gott getan hat. Da muß man schon aufhorchen. Und bei diesem Aufhorchen entdeckt man die größte Seltsamkeit dieser Geschichte: Das wichtigste Ereignis ist nicht dort, wo der große Glanz ist, sondern dort, wo die große Niedrigkeit ist. „O seht, in der Krippe, im nächtlichen Stall . . .", heißt es im Kinderlied.

1. Sie ist sehr unmodern

Vor 50 Jahren habe ich als kleiner Junge in meinen Ferien oft in einem schwäbischen Dörflein vor dem Gasthaus „Zum Lamm" gestanden, wo die Kutscher der großen Fuhrwerke anhielten, um einen Schoppen zu trinken. Der Wirtsknecht brachte dann ein Krippengestell, baute es vor den Pferden auf und schüttete ihnen Hafer hinein. In diesem Jahr habe ich wieder vor dem „Lamm" gestanden. Da sah ich aber keine Pferde und keine Krippe. LKWs und PKWs gab es dort, Garagen und eine Tankstelle. Wie hat sich die Welt geändert! Ich glaube, unsere Kinder haben nur eine sehr verschwommene Vorstellung davon, was eine „Krippe" ist. Ja, Benzinkanister! Tankstelle! — Aber Krippe?! Unsere Jungen müssen schon einen „Klüngelskerl" fragen, wenn sie erfahren wollen, was eine Krippe ist.

Der Sohn Gottes aber lag in einer Krippe. Sie steht im Mittelpunkt der Weihnachtsgeschichte, diese Krippe, die ein so ganz unmodernes Möbelstück ist.

Wird daran nicht deutlich, daß der Heiland in eine Welt kam, die gar nicht mehr unsere Welt ist? Ist diese unmoderne Krippe nicht typisch für die ganze Weihnachtsgeschichte? Wir kennen keine Hirten. Wir kennen Parkplatzwächter! Was wollen Engel in einer Welt, wo die Flugzeuge Überschall-Geschwindigkeit haben? Ja, ich frage erschrocken: Ist der Heiland nicht in eine Welt geboren, die gar nicht mehr unsere Welt ist?

Ich glaube, so denken die meisten Menschen. Und darum sind sie so ratlos dem Weihnachtsfest gegenüber.

Dagegen möchte ich ganz deutlich sagen: Die Welt hat sich gar nicht so sehr verändert. Das Wichtigste in der Welt ist zu allen Zeiten gleich: das arme, verzagte, stolze, böse, selbstsüchtige Menschenherz, das „unruhig ist in uns, bis es ruht in Gott". Und für dieses Herz ist der Sohn Gottes gekommen.

Wieviel Herzen sind in dieser verworrenen Zeit zertreten worden! Die kann er aufrichten. Wir alle sind mit Schuld beladen. Uns alle kann und will er waschen mit seinem reinigenden Blut. Wie viele sind einsam und verloren in der grausamen Wüste eines ungestillten Trieblebens! Die will er sättigen und zu Gotteskindern machen.

Ja, ich meine manchmal: Die Menschen vor 2000 Jahren haben den Heiland nicht so nötig gehabt wie wir heute.

2. Sie ist erschreckend arm

Als ich still und anbetend vor der Krippe stand, entdeckte ich: Die ganze Menschenwelt bewegt sich in einer mächtigen Strömung. In der Krippe aber offenbart sich die starke Gegenströmung: Der Mensch seit Adam will sein wie Gott. Gott aber will sein wie der Mensch. Er nimmt Fleisch und Blut an. — Wir alle wollen groß werden. Gott aber will klein werden. — Wir alle wollen reich sein. Gott aber will arm sein: „Seht, er liegt in seiner Krippen ...!"

Ja, diese Krippe ist das Zeichen, daß Gott in Jesus arm geworden ist. Ich glaube, daß wir uns keine rechte Vorstellung machen können von der Armut des Sohnes Gottes nicht nur als Kind, sondern erst recht als Mann. Wir haben es ja nicht mehr nur mit dem Kind Jesus zu tun. So arm wie der Sohn Gottes war niemand in der Welt. Stellt euch einmal einen ganz armen Flüchtling vor. Wohl, sein Geldbeutel — wenn er einen hat — ist leer. Aber er hat doch seine Hoffnungen, seine Sorgen, seinen Zorn auf Ämter. All das füllt ihn aus.

Der Sohn Gottes — so müssen wir seine Armut verstehen — hat auch das alles nicht mehr. Er ist ganz ausgeleert, ganz arm. Er ist der einzige, der ganz leere Hände hat. Ja, leere Hände.

Und damit ist er ganz frei für uns. Nun darf ich alle meine Unruhe, meine Einsamkeit, meine Sünde, ja mich selbst in diese Hände legen. Die Krippe predigt: Er ward arm um unsretwillen.

Ich will das noch deutlicher machen. Erlaubt mir, daß ich es ganz einfältig tue! In der Bibel steht: Der Sohn Gottes, der Gott gleich war,

„entäußerte sich selbst und nahm Knechtsgestalt an". Als ich noch ein Kind war, stellte ich mir das so vor, daß der Sohn Gottes all seine herrlichen, göttlichen Königsgewänder auszog und sie — verzeiht den Ausdruck, aber so denken Kinder — in den himmlischen Kleiderschrank hängte. Und dann zog er die armseligen Lumpen der irdischen Vergänglichkeit an.

Aber als ich mich zum Herrn Jesus bekehrt hatte und das Evangelium verstehen lernte, da begriff ich: Er hat seine schönen, göttlichen Kleider nicht in den Schrank gehängt, er hat sie — m i r gegeben; mich hat er damit bekleidet: mit dem Königsgewand der Gotteskindschaft und mit dem weißen Gewand fleckenloser Gerechtigkeit. Das ist es: „Er ward arm um unsretwillen, auf daß wir durch seine Armut reich würden."

Wer das im Glauben gefaßt und angenommen hat, dem wird diese Armut der Krippe anbetungswürdig. Der findet, daß aller Glanz und alle Pracht der Welt armselige Dinge sind gegen die Herrlichkeit der Krippe in Bethlehems Stall.

3. Sie ist gewaltig stark

Die Krippe wollen wir ansehen. Daß wir sie doch recht begreifen könnten!

Vor kurzem sah ich ein Bild von einem militärischen Stützpunkt. Der war wie eine starke, kleine Festung, gespickt mit Maschinengewehren und Kanonen.

Nun — so seltsam es klingt —, die Krippe dort in Bethlehem ist auch ein Stützpunkt in einem gewaltigen Krieg. Sie ist Gottes Stützpunkt in einer Welt, in der der Teufel sagen konnte: „Dies alles ist mir übergeben. Und ich gebe es, wem ich will." In dieser schrecklichen, abgefallenen Welt ist die Krippe mit dem Kind dort Gottes Stützpunkt.

Über solch eine Festung werden alle Generäle lächeln. Laßt sie lächeln! Den Gewaltigen in dieser Welt ist nie etwas anderes eingefallen als Waffen, Mordwerkzeuge und Gewalt.

Unser Gott aber tut etwas Neues. Vielleicht hätte auch der Kaiser Augustus gelächelt, wenn er von diesem schwachen Stützpunkt Gottes gehört hätte. Und doch ist an diesem Kinde sein gewaltiges römisches Reich zerbrochen. An ihm ist auch mein Herz zerbrochen. Ich habe erfahren, wie groß die Gewalt dieses Kindes ist.

Schaut nur die Krippe gut an: Hier findet ihr die stärkste Großmacht. Diese Krippe birgt den, an dessen Tod sogar der Tod und die Hölle zerbrechen müssen. Und darum singe ich nicht so gern: „Susani, su-sana ...", sondern lieber:

„Tod, Teufel, Sünd und Hölle, / die han den Sieg verlorn. / Das Kind-lein tut sie fällen, / nicht viel gilt jetzt ihr Zorn. / Wir fürchten nicht ihr Pochen, / ihr Macht ist abgetan, / das Kind hat sie zerbrochen, / da ist kein Zweifel dran."

Die Liebesleiter des Sohnes Gottes

> *„Und Maria gebar ihren ersten Sohn und wickelte ihn in Win-*
> *deln und legte ihn in eine Krippe; denn sie hatten sonst keinen*
> *Raum in der Herberge."*   Lukas 2, 7

Das ist die Botschaft des Christfestes: „Gott wird Mensch, dir, Mensch, zugute. / Gottes Kind, das verbindt sich mit unserm Blute." Haben wir diese Botschaft eigentlich richtig gehört?

Vor kurzem wurde ich in ein Krankenhaus gerufen. Es seien dort ein paar Männer, die mit mir sprechen wollten. Ich ging hin und be-zeugte ihnen das Evangelium.

Einer sagte: „Passen Sie auf! Der Alte Fritz träumte mal: Da waren ein Katholik, ein Protestant, ein Buddhist und ein Mohammedaner gestorben. Auf dem Weg zum Himmelstor stritten sie, wer wohl hin-einkomme. Aber für alle miteinander blieb die Tür zu. Als sie nun betrübt dasaßen, begannen sie zu singen: „Wir glauben all an einen Gott, / Islam, Christ und Hottentott!" Da wurde ihnen aufgetan. — Was sagen Sie nun?"

Da kann man nur feststellen: Wer so denkt, der hat die Weihnachts-botschaft noch nie vernommen; denn die Weihnachtsbotschaft ist et-was ganz Neues gegenüber allen Religionen.

Seht, in allen Religionen ist die Rede davon, daß der Mensch seinen Gott sucht. Weihnachten aber sagt: Gott sucht uns durch Jesus! Alle Religionen sind gleichsam Leitern, auf denen der Mensch zu Gott em-porsteigen will. Aber — ach! — sie sind zu kurz. Die Weihnachtsbot-schaft jedoch sagt: Gott hat eine Leiter genommen und ist zu uns her-abgestiegen in seinem Sohn. Diese Leiter laßt uns ansehen!

1. Sprosse: Er ward unser Bruder

Das steht in dem Wort: „Und sie gebar ihren ersten Sohn und wickelte ihn in Windeln." Was ist das für eine anbetungswürdige, unfaßbare

Tatsache: „Den aller Weltkreis nie beschloß, / der liegt in Marien Schoß. / Er ist ein Kindlein worden klein, / der alle Ding erhält allein."

Diese Tatsache ist von ungeheurer Bedeutung für uns. Laßt mich ein Bild brauchen:

Da ist ein Ehepaar. Die zwei haben nur e i n Kind. Aber eines Morgens weckt der Vater seinen Jungen: „Komm, du hast ein Brüderchen bekommen!" Welches Entzücken! Nun darf der Junge mit seinem Vater gehen. Mit zitternder Erwartung — wie an ein Heiligtum — tritt er an das Körbchen, in dem der Bruder liegt. Und lange schaut er diesen an: „Mein Bruder!" Aus meiner frühesten Jugend leuchtet mir die Seligkeit solcher Augenblicke.

So dürfen wir an die Krippe in Bethlehem treten, wo der Sohn Gottes liegt: „Mein Bruder, durch dich bin ich mit Gott verwandt."

Aber das Menschenherz ist böse. Es kommt vor, daß in dem Herzen so eines Jungen an der Wiege des kleinen Bruders auch einmal eine Abneigung, ja, ein Haß aufspringt. Und das Herz flüstert: „Bisher war ich es allein! Was willst du denn hier?" Solch ein Bruderhaß kann ein Leben lang dauern. Aber eines bleibt: Der andere ist sein Bruder. Das wird der Junge nicht mehr los.

So ging's beim Bruder Jesus. O, wie haßt ihn die Welt! Aber — sie kann es nicht ändern: Er ist unser Bruder. Ja, das ist die Verheißung für den Gottlosesten: Jesus ist sein Bruder.

„Sie wickelte ihn in Windeln." So hat man uns gewickelt. Damit also tritt der Sohn Gottes neben uns. Wißt ihr, wie das ist, wenn einer neben uns tritt? Als ich im Ersten Weltkrieg meinen ersten Angriff mitmachen mußte, war mir seltsam zumute. Aber ich vergesse nicht, wie der erfahrene Stoßtruppführer neben uns trat und nur sagte: „Mir nach!"

In noch viel schwererem Kampf steht jeder, der selig werden will. Aber sieh, Gottes Sohn tritt neben dich und sagt nur: „Mir nach!"

2. Sprosse: Er ward unser Knecht

Der Sohn Gottes steigt noch weiter herunter. Das steht in dem Wort: „Und sie legte ihn in eine Krippe." Damit steigt er unter uns hinunter. Nicht nur bei seiner Geburt, sondern für immer ist er unter uns hinunter gestiegen. Er ist unser Knecht geworden.

Wieder muß ich sagen: Welch eine anbetungswürdige Tatsache! „Er wird ein Knecht und ich ein Herr, / das mag ein Wechsel sein . . .!"

Daß wir's nur recht verstehen! Der Alte Fritz hat einmal gesagt: „Ich bin der erste Diener des Staates!" Ist das nicht ähnlich? O nein! Nach diesem Wort bleiben alle Diener. Und alle dienen dem Staat als einem Dritten. Und der König ist an der Spitze aller.

Ganz anders ist es vom Sohne Gottes gemeint. Er ist nicht der erste Diener des Reiches Gottes, sondern sein König. Aber d e i n Diener will er sein. Er steigt wirklich hinunter unter den Elendesten und wird sein Knecht. Er will dir dienen — aus Liebe.

Das hätte kein Mensch sich ausdenken können. Hier zeigt das Evangelium klar seinen göttlichen Charakter. Ja, wir fassen es nur schwer. Es geht uns wie dem Petrus. Als die Jünger vor dem Abendmahl zu Tische saßen, kam Jesus herein, wie ein Knecht mit Schurzfell und Waschbecken. Und er begann, den Jüngern die Füße zu waschen. Da fuhr Petrus auf: „Nimmermehr sollst du mir die Füße waschen!" Und er mußte es doch geschehen lassen.

Und noch viel ernster hat der Herr Jesus ihm gedient, als er ihm sagte: „Petrus, Petrus, der Satan hat euer begehrt, daß er euch möchte sichten wie den Weizen. Aber ich habe für dich gebetet, daß dein Glaube nicht aufhöre."

Er dient auch uns alle Tage. Denn in Römer 8 heißt es von ihm, daß er zur Rechten Gottes ist und uns vertritt. Ja, er will in Ewigkeit nicht von diesem Dienen lassen. In Lukas 12, 37 sagt er :„Selig sind die Knechte, die der Herr, so er kommt, wachend findet. Wahrlich, ich sage euch: Er wird sich aufschürzen und wird sie zu Tisch setzen und vor ihnen gehen und ihnen dienen."

Aber er steigt noch weiter hinunter:

3. S p r o s s e : Er ward unser Versöhner

Am Schluß unseres Textes heißt es: „Sie hatten sonst keinen Raum in der Herberge." Man könnte meinen, das sei nur eine Erklärung dafür, warum der Sohn Gottes in der armen Krippe lag. Aber das Wort will mehr sagen. „Er hatte keinen Raum" — das zeigt uns eine Linie in seinem ganzen Leben, eine Linie, die am Kreuz von Golgatha endet.

Der Sohn Gottes steigt in diesem Wort ganz weit hinunter. Der Herr der Herrlichkeit wird nicht nur unser Bruder. Er wird nicht nur unser Knecht. Er wird der Ausgestoßene! In Matthäus 8, 20 sagt er selbst: „Die Füchse haben Gruben, und die Vögel unter dem Himmel haben Nester; aber des Menschen Sohn hat nicht, da er sein Haupt hinlege."

Von dem Maler Steinhausen gibt es dazu ein ergreifendes Bild: Eine öde, todeinsame Steppe. Und durch diese Einsamkeit geht der Sohn Gottes. Wer das Bild ansieht, der muß denken: „Da kommt er von der Herberge, wo er keinen Raum hatte. Da geht er hin zum Kreuz, wo er ganz ausgestoßen ist. Ausgestoßen von Menschen und von — Gott! Ein wahrhaft Verfluchter!"

Ja, warum? So fragen wir entsetzt. Freunde! Da trug er u n s e r n Fluch. Wir Sünder sind von Natur von Gott Verfluchte. Aber: „An meiner Statt" — das steht über dem Ausgestoßenen am Kreuz. In Galater 3, 13 heißt es: „Christus aber hat uns erlöst von dem Fluch des Gesetzes, da er ward ein Fluch für uns (denn es steht geschrieben: Verflucht ist jedermann, der am Holz hängt!)."

Welch eine Liebesleiter! Welch ein Herabsteigen! Möchte uns der Heilige Geist die Augen öffnen, daß wir das Wunder der Christnacht recht am Herzen erfahren, damit wir mit allen Heiligen anbeten, jubeln und singen können: „Wenn ich dies Wunder fassen will, / so steht mein Geist vor Ehrfurcht still; / er betet an, und er ermißt, / daß Gottes Lieb unendlich ist."

Von der Weihnachtsbescherung, die uns das Kind in der Krippe bereitet

„Und siehe, des Herrn Engel trat zu den Hirten, und die Klarheit des Herrn leuchtete um sie; und sie fürchteten sich sehr. Und der Engel sprach zu ihnen: Fürchtet euch nicht! Siehe, ich verkündige euch große Freude." Lukas 2, 9 und 10a

Als ich nachdenklich die Weihnachtsgeschichte betrachtete, habe ich eine seltsame Entdeckung gemacht:

Der erste Teil dieser Geschichte, der in Bethlehem spielt, handelt vom Sohne Gottes. Nun sollte man doch erwarten, daß es da in lauter Glanz und Herrlichkeit zuginge . . . Aber nein! Wir sehen nur eine Krippe und riechen Stallgeruch. Ja, es ist geradezu peinlich alles vermieden, was von der Herrlichkeit des Sohnes Gottes zeugen könnte.

Der zweite Teil der Geschichte, der auf dem Felde spielt, handelt von armen Hirten. Da sollte man doch annehmen, daß es dort recht armselig zuginge, daß man nichts sähe als Armut und Rauheit. Man erwartet Stallgeruch. Und was finden wir? Himmelsglanz, Herrlichkeit und Engel-Harmonien. Eine seltsam verdrehte Welt!

Damit deutet der Heilige Geist etwas Wichtiges an: daß nämlich unsere Armut auf den Sohn Gottes gefallen, seine Herrlichkeit aber zu uns gekommen ist.

Nikolaus Herman sagt das in einem Liede so: „Er wird ein Knecht und ich ein Herr, / das mag ein Wechsel sein!" Und Paulus drückt dasselbe in 2. Korinther 8, 9 so aus: „Er ward arm um euretwillen, auf daß ihr durch seine Armut reich würdet."

1. Jesus schenkt uns seine himmlische Herrlichkeit

Habt ihr schon mal Heimweh gehabt? Eine schlimme Sache! Ich glaube, der Sohn Gottes hat auch Heimweh gekannt, als er auf der Erde war. Mir scheint, das kommt ergreifend zum Ausdruck in Johannes 17, 5, wo er betet: „Und nun verkläre mich du, Vater, bei dir selbst mit der Klarheit, die ich bei dir hatte, ehe die Welt war."

Da hören wir, daß Jesus von Anfang an bei seinem Vater „Klarheit" hatte. Es steht hier im Griechischen ein Wort, das man kaum übersetzen kann. Es bedeutet „himmlische Klarheit, Glanz und Herrlichkeit" (griech.: doxa).

Aber als er nun als schwaches Kindlein in der Krippe liegt, hat er keine „doxa" mehr. Wo ist sie hingekommen?

Geht nur schnell hinaus auf das Hirtenfeld! Was sehen wir dort? „Die Klarheit, die doxa des Herrn umleuchtet die Hirten."

Ja, er ist arm geworden, auf daß wir durch seine Armut reich würden. Das ist sein Weihnachtsgeschenk für die, welche an ihn glauben, daß sie seine Klarheit und Herrlichkeit bekommen.

Wohl, der Glanz auf dem Hirtenfeld ist schnell erloschen. Doch seht nur die Hirten an, wie sie von Bethlehem zurückkehren: „Sie priesen und lobten Gott." Da ist die „doxa" in ihr Herz gekommen, wie sie zu allen kommt, die an ihn glauben.

Vielleicht sagt nun jemand spöttisch: „Ich sehe aber bei den Christen nichts von Herrlichkeit. Es geht bei ihnen doch ebenso armselig zu wie bei anderen." Antwort: „Das stimmt nicht! Wir Christen singen mitten im Jammer der Tage: ‚Freude, Freude über Freude, / Christus wehret allem Leide!' Da ist ‚doxa'. Und im übrigen ist das, was wir jetzt haben, erst ein Angeld auf die zukünftige Herrlichkeit. Johannes sagt: ‚Es ist noch nicht erschienen, was wir sein werden. Wir wissen aber, wenn es erscheinen wird, daß wir ihm gleich sein werden' (Johannes 3, 2)."

2. Jesus schenkt uns seine Geborgenheit

Wenn die Bibel die ewige Welt Gottes schildert, dann sagt sie immer wieder, daß da „kein Leid und kein Geschrei" und keine Angst seien. Und in dieser ewigen Welt, wo man im starken Gott völlig geborgen ist, hat der Sohn Gottes gelebt, ehe er Mensch wurde.

Aber — nun liegt er als Kind in der Krippe. Und damit ist er in eine Welt geraten, wo man Angst und Not haben muß. Schon trachtet ihm Herodes nach dem Leben, und seine Eltern müssen mit ihm nach Ägypten fliehen. Und als er ein Mann geworden ist, hat er auch mit Furcht zu kämpfen. Wir sehen ihn in Gethsemane zittern. Und in Lukas 12, 50 sagt er: „Ich muß mich taufen lassen mit der Leidenstaufe. Und wie ist mir so bange, bis sie vollendet werde."

Ja, wo sind denn seine Geborgenheit und Furchtlosigkeit hingekommen? Schaut nur schnell hinaus auf das Hirtenfeld! Dort steht gerade der Engel des Herrn vor den Hirten und verkündet ihnen: „Fürchtet euch nicht!" Und warum brauchen sie sich nicht zu fürchten? „Euch ist heute der Heiland geboren!"

Wiederum ist es so: „Er ward arm, daß wir durch seine Armut reich würden." Der Sohn Gottes geht in die Angst und Unbeschütztheit hinein, auf daß wir Kinder Gottes werden und dadurch seine Geborgenheit und Furchtlosigkeit erben.

„Fürchtet euch nicht!" Das ist doch ein köstliches Weihnachtsgeschenk. Es ist ja so viel Furcht bei uns: Furcht vor dem, was kommt, Furcht vor Schrecken, vor den Menschen, vor dem Tod. Und Gott gebe, daß wir auch die wichtigste Furcht kennen: die Furcht vor dem Zorn Gottes über alle unsere Sünde.

Und nun will uns das Kind in der Krippe zu Kindern Gottes machen und uns seine Geborgenheit beim himmlischen Vater schenken. Da ist man herrlich geborgen. Da braucht man keine Furcht mehr zu haben vor Schrecken, Tod, Teufel — ja, auch nicht mehr vor dem Jüngsten Tag und vor dem Gericht Gottes. „Nun soll kein Angst noch Pein / noch Zorn hinfort uns schaden, / dieweil uns Gott aus Gnaden / läßt seine Kinder sein."

3. Jesus schenkt uns seine Freude

In einem alten Lied heißt es: „Im Himmel, im Himmel ist Freude so viel . . ." In dieser Welt ewiger Freude hat der Sohn Gottes gelebt, ehe er in Bethlehem als Mensch geboren wurde. Und nun liegt er da im Stall. Von dort geht sein Weg geradewegs zum Kreuz. Da ist die

Freude weg. Der Hebräerbrief sagt (12, 2): „Er, der wohl hätte mögen Freude haben, erduldete das Kreuz und achtete der Schande
nicht . . .“

Wo ist denn seine himmlische Freude hingekommen? Geht noch einmal mit mir hinaus auf das Feld zu den Hirten. Da steht der leuchtende Gottesbote vor den Hirten und verkündet: „Siehe, ich verkündige euch g r o ß e F r e u d e !“ Zu den armen Hirten, zu den freud-
losen Sündern ist sie gekommen. Und zu allen andern, die an Jesus
glauben als ihren Heiland und Erlöser.

Wieder heißt es: „Er ward arm um unsretwillen, auf daß wir durch
seine Armut reich würden.“

Er geht den dunklen Weg über Krippe und Kreuz, damit die Freude
zu uns komme.

O wie ist die Freude nun zu den Hirten gekommen und zu allen denen, die an den Sohn Gottes glauben! Die Hirten — so sagten wir
schon — „priesen und lobten Gott“.

Ich kehrte vor kurzem in ein Haus ein, wo man viel Schweres erlebt
hatte, und hörte dort ein kräftiges Singen: „Jesu, wie soll ich dir dan-
ken? / Ich bekenne, daß von dir / meine Seligkeit herrühr’ . . .“ Nicht
wahr, das ist eine tiefe Freude, die alle Welt nicht geben kann. Das
ist die himmlische Freude, die der Heiland auf die Erde gebracht hat,
die er gewissermaßen an uns abgetreten hat.

Von ihm heißt es: „Er lud auf sich unsre Schmerzen“ (Jesaja 53). Du
darfst im Glauben deine Schmerzen ruhig dazulegen und dir von
ihm seine himmlische Freude schenken lassen.

Wer im Stall zu Bethlehem einkehrt und sich vom Heiland beschenken läßt, der singt aus Herzensgrund: „Des laßt uns alle fröhlich
sein / und mit den Hirten gehn hinein, / zu sehn, was Gott uns hat
beschert, / in seinem lieben Sohn verehrt!“

Seltsame Ereignisse

> „Und alsbald war da bei dem Engel die Menge der himmlischen
> Heerscharen, die lobten Gott und sprachen . . .“   Lukas 2, 13

„Jauchzet ihr Himmel, frohlocket ihr Engel in Chören!“ So beginnt
Tersteegens schönes Weihnachtslied. Er hat ganz recht: Die Engel ge-
hören zur Christfest-Geschichte. Darum wollen wir sie heute in den
Mittelpunkt unserer Betrachtung stellen.

Mit den Engeln ist es ja in den letzten Jahrhunderten immer weiter bergab gegangen — das heißt: nicht mit den Engeln, sondern mit unseren Vorstellungen von ihnen. Zuerst haben die Maler sie als süße kleine Putten oder als Frauen in Nachthemden gemalt. Dann wurden sie zu Märchenfiguren herabgewürdigt. Und schließlich waren sie Reklamefiguren in Kaufhäusern.

Es ist Zeit, daß wir unsere törichten Vorstellungen an der Offenbarung der Wahrheit revidieren. Und darum wollen wir heute von den Engeln reden.

Ich weiß, daß wir von Engeln umgeben sind. Und mir ist, als seien sie jetzt erschrocken und als riefen sie mir zu: „Du sollst doch nicht von uns predigen, sondern von dem Sohn Gottes, den wir verkündeten!"

Gut, das will ich tun. Aber ich will doch die Engel dabei im Auge haben, wie Paul Gerhardt, wenn er singt: „O schauet hin! Des Himmels Heer / das bringt uns jetzt die Freudenmär." Das soll der Inhalt der Predigt sein.

1. Die Heerschar mit dem seltsamsten Kriegs-
   geschrei

Laßt uns zunächst einmal alle ererbten Vorstellungen über Bord werfen und hören, was das Lukasevangelium uns berichtet. Gar nichts von singenden und Blockflöte spielenden Chören! Was steht denn da? „Alsbald war da die Menge der himmlischen Heerscharen . . ." (wörtlich heißt es: „die Menge oder die Fülle der Streiterscharen des Himmels"), und dann geht es weiter: „die sprachen".

Das griechische Wort, das hier für Heerscharen steht, bedeutet ausdrücklich „Kriegsheere". Nun war es im Altertum so: Ehe eine Schlacht begann, stellten sich die Heere in Schlachtordnung gegeneinander auf. Und dann begann der Kampf; zuerst nicht mit Schwertern, sondern — mit dem Munde. Die Anführer beschimpften sich, und das Heer erhob einen männlichen, mutigen Schlachtruf. Noch die Geusen riefen im niederländischen Freiheitskrieg: „Lieber Türk als Pfaff!" Und die Römer brüllten: „Roma aeterna!" Und was die alten Germanen hinter ihren Schildern schrien, das konnte kein Mensch verstehen. Es trieb einem nur die Haare zu Berge.

So! Und nun steht hier in der Weihnachtsgeschichte solch ein Heer. Allerdings ein so gewaltiges Heer, wie es die Weltgeschichte nie wieder gesehen hat: Es ist das schimmernde Heer des Himmels. Und auch dies wunderbare Kriegsvolk erhebt die Stimme zum Schlachtruf. Aber wie heißt der? Es ist unausdenkbar! Sie riefen: „F r i e d e auf Erden!" Wenn einem da nicht der Verstand still steht! Aber mehr noch: Der Heerführer dieser Streiterschar liegt in einer Krippe und ist ein Kindlein geworden und unser Bruder.

Wenn wir auch nur wenig verstehen, das begreifen wir nun doch mit den Hirten: Dieses Kind muß ein gewaltiger F r i e d e n s könig sein. Das kann man erfahren: Wenn er in unser Herz einzieht, bringt er den Frieden mit, „der höher ist als alle Vernunft", weil er die Sünden vergibt. Und wo er in ein Haus, in eine Familie kommt, da zieht Frieden ein, wo vorher Krach war. Wie schön würde die Welt sein, wenn sie ihm die Tore öffnete! Der Dichter Fr. Rückert betet zu ihm: „O Herr von großer Huld und Treue, / o komme du auch jetzt aufs neue / zu uns, die wir sind schwer verstört. / Not ist es, daß du selbst hienieden / kommst, zu erneuern deinen Frieden, / dagegen sich die Welt empört."

2. E i n e S t r e i t m a c h t , d i e n i c h t e i n g e s e t z t w i r d

Ich glaube, wir können uns diese Streitmacht des Himmels gar nicht herrlich genug vorstellen. Und es gehört zu der Ironie Gottes, daß nur diese bedeutungslosen Hirten sie sehen durften. So kann heute jeder dumme Junge sagen: „Ich glaube gar nicht, daß sie vorhanden ist." Allerdings hat früher schon ein Mensch diese Heere gesehen, der Prophet Daniel. Er berichtet: „Solches sah ich, bis daß Stühle gesetzt wurden. Und der Alte setzte sich. Sein Kleid war schneeweiß, und sein Thron war eitel Feuerflammen. Und von ihm ging aus ein langer, feuriger Strahl. Tausendmal tausend dienten ihm, und zehntausendmal zehntausend standen vor ihm . . ." Nun ist es allerdings nicht weiter verwunderlich, daß diese Heerscharen in der Christnacht erschienen. Denn das war genau die Stunde, die Gott seit Jahrtausenden vorgesehen und bestimmt hatte, um in den Lauf der Welt entscheidend einzugreifen. Der Apostel Paulus sagt: „Als die Zeit erfüllet war, sandte Gott . . ." Also — als die Zeit erfüllt war, wo Gott in diese verlorene Welt eingreifen und eine Erlösung schaffen wollte, da erscheinen die Heere Gottes. Das ist doch begreiflich. Und wenn das Evangelium nun nach unserer Vernunft ginge, dann müßte es so heißen: „Als die Zeit zur Welterlösung erfüllet war, sandte Gott seine himmlischen Streiterscharen, um die Bösen zu strafen und die Gottlosen zu vernichten." Aber — wenn es so geschähe, dann würde nicht einer von uns übrigbleiben. Und darum dürfen wir glücklich sein, daß das Evangelium anders lautet: „Als die Zeit erfüllet war, sandte Gott — seinen Sohn."

In der Tat: Gott ist wunderbar in seinem Tun! „Als die Zeit erfüllet war", da standen die himmlischen Heere da und — wurden überhaupt nicht eingesetzt. Und alles, alles liegt nun auf dem armen, kleinen Kindlein dort in der Krippe. Dieser Jesus ganz allein wird der Erlöser. Er ganz allein ficht den Kampf mit der Finsternis aus, als er unsagbar verlassen am Kreuz hängt.

Als „uns schlug die rettende Stund", da standen die herrlichen Himmelsheere und konnten und durften nichts anderes tun als hinzuweisen auf Jesus. Versteht ihr nun, daß ihr Schlachtruf heißt — und wir müßten taub sein, wenn wir diesen gewaltigen Ruf nicht hörten! —: „Es ist in keinem andern Heil, ist auch kein andrer Name unter dem Himmel den Menschen gegeben, darin wir könnten selig werden, denn allein der Name J e s u s !"

3. Ein Heer, das an einer unerwarteten Stelle auftritt

Es gibt eine einzige Stelle, wo man in jener ersten Weihnacht das himmlische Heer erwarten durfte: Das war in Bethlehem. Da lag der, von dem das Lied singt: „König der Ehren, aus Liebe geworden zum Kinde . . ." Sollte die Streiterschar des Himmels, wenn sie schon die Welterlösung nicht ausführen durfte, nicht wenigstens um diesen „König der Ehren" her sein? Welch anderen Eindruck hätte das Auftreten des Sohnes Gottes in der Welt gemacht, wenn die Engel in Bethlehem erschienen wären! Da wäre ein paar Tage später der Kaiser Augustus angebraust, und die ganze Weltgeschichte wäre anders verlaufen. Aber dort, wo man sie erwarten durfte, fanden sich die himmlischen Heerscharen nicht.

Doch da, wo kein Mensch sie erwarten konnte, da stellten sie sich ein: bei den armen Hirten, die aber von Gott hierfür auserwählt waren.

Das hat doch etwas zu bedeuten. Ja, das hat zweierlei zu sagen. Erstens: Jesus ward wirklich arm. Er entäußerte sich aller Macht und Herrlichkeit. „Er ward arm . . . um unsretwillen", so heißt es weiter. Und das ist schon das Zweite: „Er ward arm um unsretwillen, auf daß wir durch seine Armut reich würden", sagt Paulus. Jesus tritt gleichsam seine Engelscharen an die Hirten ab.

Nicht nur für eine Nacht! Das dürft ihr nicht denken. In der Bibel steht: „Die Engel sind ausgesandt zum Dienst um derer willen, die ererben sollen die Seligkeit." Zu denen gehörten die Hirten. Und warum gehörten sie zu denen, welche die Seligkeit ererben? Weil sie den Sohn Gottes im rechten Glauben annahmen.

Nun steht die Frage vor uns: „Gehöre ich auch zu denen, die die Seligkeit ererben sollen?" Das hängt davon ab, ob der Heiland der Sünder m e i n Sünderheiland wird.

Wenn wir dazugehören, dann tritt der Sohn Gottes auch uns die Engelscharen ab. Dann sind sie zu unserem Dienst bestellt.

Ihr müßt darauf achten, daß es im Text nicht heißt: „Dann kamen die himmlischen Heere." O nein! Sie waren da! Schon vorher. Aber nun erst sahen die Hirten sie. Und so sind sie — o Wunder — um uns, wenn wir mit den Hirten es hören und glauben: „Euch ist heute der Heiland geboren."

„Mit den Hirten will ich gehen . . ."

> „Und die Hirten kamen eilend und fanden beide, Maria und Joseph, dazu das Kind in der Krippe liegen. Da sie es aber gesehen hatten, breiteten sie das Wort aus, welches zu ihnen von diesem Kinde gesagt war."   Lukas 2, 16 und 17

„Nun singet und seid froh / in dulci jubilo . . .!" So klingt und jubelt es in allen Weihnachtsliedern.

Ist euch das schon einmal aufgefallen? Dann muß es uns stutzig machen, daß heute kaum jemand diese große Freude mitempfindet.

Wie kommt das? Waren die Dichter dieser Lieder überschwengliche Leute, die in unsere Zeit nicht recht hineinpassen? Oder hat der Zauber der Weihnacht sie hingerissen zu einer Höhe der Empfindung, die vor der rauhen Wirklichkeit nicht standhält?

Es könnte ja aber auch sein, daß sie in dem harten Gestein dieser trostlosen Welt eine lebendige Wasserader angeschlagen haben, eine Freudenquelle, von der eben die wenigsten Menschen eine Ahnung haben.

Ja, so ist es! Darum singen sie so fröhlich.

Die ersten Menschen, die das Christfest gefeiert haben, waren die Hirten, die ganz gewiß keine überschwenglichen, wirklichkeitsfremden Leute waren. Auch bei ihnen hören wir schon dieses Jubellied. „Sie priesen und lobten Gott." Wir wollen ihnen folgen, damit auch wir diese Freudenquellen finden.

1. Wie verborgen ist das Eigentliche!

Im Geist sehe ich die Hirten durch die Nacht wandern. Der Mond muß ihnen den Weg erleuchten. Nun sind sie in Bethlehem angekommen. Mitten im Ort steht ein großes Gebäude. Heller Lichtschein dringt aus allen Fenstern. Der Erlaß des Augustus hat eine Menge Menschen hier zusammengeführt.

In den Wirtsstuben ist großer Betrieb. Hier sitzen ein paar und politisieren mächtig. Dort in der Ecke sehen wir ein paar stille Leute. Sie haben gerade ein großes Geschäft abgeschlossen. Verächtlich schauen sie auf das lärmende Volk, das es doch zu nichts bringt, während sie schlau mal wieder ein „Schäfchen ins trockene" gebracht haben. An einem anderen Tisch hocken ein paar und schimpfen auf die schlechten Zeiten. Der Wirt, der eilig hin und her rennt, schaut besorgt in eine Ecke, wo einige Streithähne einen wilden Zank vom Zaun brechen wollen. Und dort sehen wir Männer, die mit der Kellnerin schäkern...

Versteht ihr? Diese Wirtsstube ist ein rechtes Bild der Welt. Sie ist eine Welt im Kleinen. So ist die Welt, die laute, häßliche, herrlich bunte und jammervolle Welt.

Aber — wir wollten ja mit den Hirten gehen! Wo sind sie geblieben? Ach seht doch — sie haben sich im Vorderhaus nicht aufgehalten. Es ist noch ein Hinterhaus da, ein armer, kümmerlicher Stall. Dorthin haben sie sich gewandt. Dort, dort geschieht es: „Den aller Weltkreis nie beschloß, / der liegt in Marien Schoß..." Dort wird es wahr: „Sie fanden das Kindlein..."

Seht, das ist es, warum wir so arm bleiben: Wir leben alle im Vorderhaus dieser Welt. Da ist unser Herz. Da sitzen die lärmenden Leute und prahlen: „Es ist ja nichts dran an dem Evangelium. Wir jedenfalls haben nichts gemerkt."

Derweilen sind die stillen Seelen im Hinterhaus versammelt, finden den Heiland, beten an, werfen ihr beladenes Gewissen und beschwertes Herz ihm hin und empfangen den Frieden, der höher ist als alle Vernunft. Im Hebräerbrief heißt es einmal vom gekreuzigten Heiland: „Laßt uns zu ihm hinausgehen..."

Auf dies Hinausgehen kommt alles an. Das Eigentliche und Göttliche finden wir nicht im Vorderhaus der Welt. Das ist heimlich und verborgen im Stall.

Darum spielt in der Bibel das „Hinausgehen" solch eine große Rolle. Abraham zieht aus. Lot zieht aus Sodom. Die Weisen aus dem Morgenland ziehen aus. Der Petrus verläßt sein Schiff und seine Netze. Der Paulus achtet seine eigene Gerechtigkeit vor Gott als „Kot" und zieht aus ihr aus. Und der verlorene Sohn verläßt sein altes Leben.

2. Wie einfach ist das Evangelium!

Nun stelle ich mir vor: Eine Seele macht sich auf, flieht aus dem lauten Vorderhaus und will „mit den Hirten gehen".
Aber — verzeiht, daß ich bei dem Bilde bleibe —: Da bleibt diese arme suchende Seele bestürzt stehen; denn im Laufe der Jahrhunderte haben sich dort im Hof vor dem Stall eine Menge Unternehmungen eingenistet. Laute Gruppen stehen da. Die schwingen große Fahnen: „Hie lutherisch!" — „Hie reformiert!" — „Hie römisch-katholisch!" — „Hie griechisch-katholisch!" — Da stehen Prediger und Pfarrer. Da stehen verwirrte Köpfe und rufen: „Her zu den Zeugen Jehovas!" — „Nein! Wir Neuapostolischen allein sind die wahre Gemeinde!" — Da stehen Leute mit Sammelbüchsen und klappern: „Für die Dritte Welt"!" „Für das Hilfswerk!" „Für die Jugendarbeit!" — Dort wird eine Messe zelebriert. Hier wird eine Revue der „Moralischen Aufrüstung" aufgeführt. Hier singt ein Kirchenchor hauchzart ein reformatorisches Lied. Dort schmettert die Heilsarmee Erweckungslieder.
„O Schreck!" denkt die suchende Seele. „Das ist ja noch viel lauter und komplizierter als der Lärm im Vorderhaus!"
O liebe, suchende, heilsverlangende Seele, es ist gar nicht schwierig! Du mußt nur festhalten: „Mit den Hirten will ich gehen . . ." Die gehen in den armen, stillen Stall h i n e i n. Und da findest du ein Kind. Es ist das Kind, von dem die strahlenden Boten Gottes sagten: „Euch ist heute der Heiland geboren."
Sieh, das ist das ganze Christentum, daß Gott für dich den Himmel zerrissen und einen Heiland gesandt hat. Einen Heiland! Brauchst du keinen Heiland?
Der Dichter Matthias Claudius hat in einem Brief an seinen Freund Andres so schön geschrieben: „Besinnst Du Dich noch an unsre erste Schiffahrt . . . als ich mitten auf dem Wasser herausfiel? Ich hatte schon alles aufgegeben . . ., da sah ich Deinen ausgestreckten Arm und hakte an . . . Im Grunde war es nur eine vorübergehende Hilfe; denn endgültig kannst Du mich vom Tode doch nicht retten. Aber — ich kann den Arm nicht wieder vergessen . . . Und nun ein Erretter aus aller Not, von allem Übel! Ein Erlöser vom Bösen! . . . der verkleidet in der Uniform des Elends zu den Elenden kam, um sie mit

seinem Blut freizumachen — der in die Welt kam, um die Welt selig zu machen ... Andres, hast Du je was Ähnliches gehört, und fallen Dir nicht die Hände am Leibe nieder?"

Es ist so überwältigend einfach: „Der Heiland ist geboren!"

3. Mit den Hirten will ich gehen — so und so!

Ist es euch schon einmal aufgefallen, wie ganz anders der Rückweg der Hirten war als der Hinweg? Als die Hirten zur Krippe liefen, um das Kind zu suchen, da hielten sie sich nirgendwo auf, da ließen sie sich in kein Gespräch ein. Da gingen sie stracks auf ihr Ziel los.

Als sie Jesus aber gefunden hatten, kamen sie auf dem Heimweg nur langsam vorwärts. Immer wieder wurden sie aufgehalten, weil sie Menschen trafen, denen sie die frohe Botschaft mitteilen mußten. „Sie breiteten das Wort aus."

So sollten wir es machen! Ich kenne so viele, die sich wohl aufgemacht haben, ihren Heiland zu suchen. Aber unterwegs halten sie sich auf mit allen möglichen Leuten: Sie befragen sich, sie diskutieren, sie hören diese und jene Meinung an — und kommen nie zum Ziel.

Und ich kenne wiederum so viele, die haben das Kindlein gefunden. Aber sie machen sich nicht die Mühe, anderen Leuten diese beglückkende Botschaft mitzuteilen, daß ein Heiland in der Welt ist.

Wie verkehrt ist das alles! „Mit den Hirten will ich gehen" — so und so: Unbeirrt, wenn es darum geht, den Herrn Jesus aufzusuchen. Und Menschen suchend, wenn man von seinem Angesicht kommt.

Menschen unter dem Kreuz

Der Mann, der unter dem Kreuz fehlte

„Da aber Pilatus sah, daß er nichts schaffte, sondern daß ein viel größer Getümmel ward, nahm er Wasser und wusch die Hände vor dem Volk und sprach: Ich bin unschuldig an dem Blut dieses Gerechten; sehet ihr zu!"　　　　Matthäus 27, 24

Es war in der Passionszeit im Jahre 1942. Da ging ein furchtbarer Fliegerangriff über die herrliche Stadt Lübeck. Als er vorüber war, stand Lübeck in Flammen. Wie eine riesige Fackel überstrahlte alle anderen Feuer die brennende Marienkirche, die eine der schönsten Kathedralen Deutschlands war.

In jener Nacht nun ist etwas Seltsames geschehen. Ein junger Soldat in Lübeck, einer von jenen, welche die stillen und schönen Dinge lieben, drang trotz Qualm und Brand — mit ein paar Freunden in die brennende Kirche ein und holte ein Altargemälde heraus, das der Maler Hans Memling im 15. Jahrhundert gemalt hat.

Mit großer Bewegung stand ich später vor diesem Bild. Es ist so gewaltig, daß ich den jungen Soldaten wohl verstehen kann.

Da hat Memling die Kreuzigung Jesu dargestellt. Ich versuchte, die wirre Menge verschiedenster Gestalten, die sich unter den Kreuzen drängen, zu erkennen. Aber dann fiel mir etwas auf: Inmitten der Menge ist gerade unter dem Kreuz Jesu ein leerer Platz. Es ist, als hätte der Maler sagen wollen: Hier fehlt ein Mann.

Ja, es fehlte unter Jesu Kreuz ein Mann. Von dem wollen wir jetzt reden.

1. Wer war dieser fehlende Mann?

Es war der römische Landpfleger Pontius Pilatus. Der war nicht zur Stelle bei diesem größten Ereignis der Weltgeschichte.

Vielleicht haltet ihr es für eine Übertreibung, wenn ich sage: Die Kreuzigung Jesu war das größte Ereignis. Nun, ich kann das jetzt nicht beweisen. Aber — es wird eine Stunde kommen, in der jeder das einsehen wird, nämlich dann, wenn die Toten auferstehen, wenn das Gericht über die antichristliche Welt kommt. Dann werden alle Dinge dieser Welt belanglos sein. Die Erlösten aber, die durch Jesus geretteten Sünder, werden sich jubelnd um den Sohn Gottes drängen, der an seinen Händen die Zeichen ihrer Erlösung, die Nägelmale, trägt.

Das Kreuz Jesu also ist das größte und herrlichste Ereignis.

Und dabei fehlte Pontius Pilatus. Vielleicht hätte Pilatus die Achseln zucken und sagen können: Nun, alle meine Freunde in Rom wissen ja nicht einmal von diesem Ereignis!

Ach nein, für Pilatus war die Sache anders: Er hätte dabeisein müssen. Das wird schon deutlich aus unserem Glaubensbekenntnis, wo Pilatus als einziger Zeitgenosse in Verbindung mit der Passion Jesu genannt wird: „Gelitten unter Pontius Pilatus."

Wie war es denn mit ihm? Es ist wichtig, daß wir uns das klarmachen! Das Evangelium berichtet uns, daß Pilatus einen starken Eindruck von der Persönlichkeit des Heilandes bekam. Er hat sich lange mit ihm unterhalten. Und dann ist er sehr für Jesus eingetreten: „Ich finde keine Schuld an ihm!" Aber dann — — —

Als mein Junge noch klein war, hatte ich auf meinem Fahrrad vorn einen kleinen Sattel angebracht. Darauf durfte er nun oft mit mir fahren.

Einmal wollte ich mit ihm eine hübsche Tour machen. Aber als der Weg an einem steilen Abhang entlangführte, bekam er Angst und wollte absteigen. Alles Zureden half nicht — wir mußten umkehren —, gerade als es richtig losgehen sollte.

So kommt mir Pilatus vor. Unser Text zeigt den Augenblick, in dem er abspringt. Und so kommen mir viele Christen vor: Man hat etwas übrig für Jesus. Man hält etwas von seinen Lehren! Man achtet ihn als ein großes Vorbild — aber man geht nicht mit bis zum Kreuz. Und damit verliert man das Beste: sein ewiges Heil, seine Versöhnung mit Gott und auch die Erneuerung des ganzen Lebens.

2. Warum Pilatus beim Kreuz fehlte

Ich rede nicht davon, daß Pilatus den Herrn zur Kreuzigung freigab. Das hat er nach dem Willen des lebendigen Gottes getan, der seinen eingeborenen Sohn zum Hohenpriester und Versöhnungslamm für alle Welt bestimmt hat. Da ist ein Geheimnis, dem Pilatus folgen mußte.

Aber wenn er doch mit hinausgegangen wäre nach Golgatha, um das Ende dieses Gerechten zu erleben. Dann hätte er sicher mit dem Hauptmann bekannt: „Wahrlich, dieser ist Gottes Sohn gewesen!"

Doch — er fehlt unter dem Kreuz. Und mit ihm fehlen bis zum heutigen Tage unter Jesu Kreuz alle diejenigen, die dem Pilatus gleichen. Warum begriff er das Kreuz nicht? Und warum war es ihm ein Ärgernis? Antwort: Weil er ein ganz und gar ungebrochener Mann war.

Wie sehen wir ihn hier im Text: Da wäscht er sich vor allem Volk die Hände und erklärt: „Ich bin unschuldig."

Das ist der ungebrochene Mensch! Wir lasen in der letzten Woche in unserem Jugendkreis einen Bericht des bekannten Missionars Kaißer: Da sitzt er — welcher Mut! — zwischen den Papuas und sagt ihnen: „Ihr seid Mörder!" — „Aber nein! Wir sind nicht schlecht!" — „Ihr habt doch den Zemanggeng und den Seno getötet!" — „Ach, das ist lange her." — „Das ist belanglos! Schuld veraltet nicht!" — Darauf die Papuas: „Wer hat dir das erzählt, daß wir getötet haben?" — „Das ist gleichgültig. Aber seht ihr ein, daß ihr Mörder seid?" — „O nein! Wir sind gut! Und es war gut, daß wir die beiden getötet haben. Denn sie waren Zauberer. Und Zauberer töten ist eine gute Tat. Und nun verbitten wir uns, daß du uns weiter sagst, wir seien schlecht!"

Seht, das ist der Pilatus bei den Papuas! Und bei uns findet sich dieser ungebrochene Pilatus auch. „Ich kann mit dem Kreuz Jesu und mit Golgatha nichts anfangen!" sagt das ungebrochene Herz — damals und heute — in Jerusalem, Neuguinea, Essen und anderswo.

Wir müssen ins Licht kommen! Wir müssen erfassen die Ohnmacht unseres Herzens zu allem Guten; wir müssen begreifen, wie schuldig und verloren wir vor Gott sind.

Ach, wären das doch nicht alles Worte, die uns nichts sagen! Aber es kann sein, daß wir einmal nicht mehr an der ganzen Welt, sondern an uns selbst verzweifeln. Und seht — dann ist uns das Kreuz nicht mehr verächtlich. Da stürzt man mit seinem zerbrochenen Herzen zu dem Lamm hin und betet dankbar den an, der „der Welt Sünde trägt", der „Sünder selig macht".

3. Wer soll den leeren Platz einnehmen?

Laßt mich noch einmal von dem Bilde Hans Memlings sprechen. Als ich in Lübeck mit einem Freund vor diesem Kreuzigungsbild stand, mußte ich immer wieder die leere Stelle unter dem Kreuz ansehen, auf der Pilatus hätte stehen sollen.

Da wurde mir auf einmal deutlich: Der Maler will mit dieser leeren Stelle eine Frage an uns richten. Die Frage: „Wer will diesen Platz unter dem Kreuz einnehmen?"

In unserem Textwort verzichtet Pilatus auf den Platz unter dem Kreuz. Und nun ist jeder von uns gefragt: „Was soll aus diesem Platz werden?" — — —

Kürzlich waren alle Zeitungen voll von Berichten über ein Schiff, das tagelang vom Sturm bedroht wurde und dann endlich — nach viel Kampf — doch unterging. Ist das nicht ein Bild unseres Lebens, dies bedrohte Schiff im Sturm? Müssen wir nicht fürchten, daß am Ende die Katastrophe steht?

Aber — da ist noch der Platz unter Jesu Kreuz, da sind wir sicher und geborgen. „Es ist eine Ruhe gefunden / für alle, fern und nah / in des Gotteslammes Wunden / am Kreuze auf Golgatha" — so singen wir.

Und ein anderer Dichter sagt: „Ich bin durch manche Zeiten, / ja, auch durch Ewigkeiten, / in meinem Geist gereist. / Nichts hat mir's Herz genommen. / als da ich angekommen / auf Golgatha! Gott sei gepreist!"

Der Mann, der nicht dabeisein wollte

„Und indem sie hinausgingen, fanden sie einen Menschen von Kyrene mit Namen Simon; den zwangen sie, daß er Jesum sein Kreuz trug."   Matthäus 27, 32

Heiß brannte schon am Vormittag die Sonne, als ein lauter und tumultuarischer Zug sich aus den Toren Jerusalems wälzte. In der Mitte des Haufens keuchten drei Männer unter der Last schwerer Kreuze, an denen sie nun aufgehängt werden sollten.

Als der Zug auf dem Hügel Golgatha ankam, gab's ein großes Gedränge im Volk. Jeder wollte dabeisein. Irgendwo standen ein paar weinende Frauen. Vielleicht sagte jemand zu ihnen: „Geht nach Hause! Das ist nichts für euch!" Aber sie wehrten ab: „Nein! Nein! Wir wollen dabeisein!" Alle wollten sie dabeisein.

Nur drei waren da, die gern nicht dabeisein wollten. Wer waren diese drei? Jeder wird schnell antworten: „Die drei Verurteilten!" Aber nein, falsch geraten! Von zweien der Verurteilten kann man wohl sagen: Sie wollten nicht dabeisein. Aber der dritte — Jesus —, der wollte hier sein. Er ist der große Hohepriester, der sich in unergründlicher Liebe zu uns mit Willen selbst zum Opferlamm hingab.

Wir müssen also den dritten, der nicht dabeisein wollte, an anderer Stelle suchen.

1. Wer war dieser dritte Mann?

Ich habe einmal eine komische kleine Geschichte gehört: Da hat ein Dorfpfarrer gewaltig von der Schlechtigkeit der Welt gedonnert. Die ganze Zuhörerschaft schluchzte vor Andacht und Ergriffenheit. Nur ein Mann saß völlig unbeteiligt dabei. Und als ihn einer fragte: „Warum weinen Sie denn nicht?", da antwortete der: „Ich gehöre nicht zu diesem Dorf."

Genau so hat sicher Simon von Kyrene gedacht. Er kam an jenem Morgen vom Feld. Vielleicht war er ein Pilger, der in Jerusalem das Passahfest feiern wollte. Vielleicht auch war er in Jerusalem ansässig und hatte einen netten Morgenspaziergang gemacht oder hatte in seinem Schrebergärtchen nach den Radieschen geschaut.

Und da begegnete er diesem Zug. „Ich gehöre nicht dazu", dachte er, als er die römischen Soldaten, das johlende Volk, die weinenden Frauen und die Verurteilten erblickte. „Gott sei Dank!" dachte er angewidert, „ich gehöre nicht dazu!"

Und so denken nun Millionen in unserem Volk und in der Welt: „Was geht mich das Kreuz Jesu im Grunde an! Das ist eine uninteressante Sache. Und unklar ist sie auch, so daß selbst die Theologen sich seit zweitausend Jahren darüber streiten. Gott sei Dank — ich gehöre nicht dazu!"

So meinte der Simon. Und dann — auf einmal — gehörte er doch dazu. Da packten ihn rohe Soldatenfäuste und legten ihm auf die Schulter das Kreuz, das der ermattete Jesus nicht mehr tragen konnte. So kam Simon nach Golgatha und unter Jesu Kreuz. So gehörte er nun dazu — und zwar mehr, als er zuerst ahnte. Der Augenblick, wo er hinter Jesus her das Kreuz tragen mußte, wurde zum Wendepunkt seines ganzen Lebens.

Wir hören nämlich in der Bibel, daß in der ersten, verfolgten Christengemeinde die Familie dieses Simon eine große und segensreiche Rolle spielte. Seine Söhne Rufus und Alexander waren rechte Streiter Jesu Christi. Und der Apostel Paulus nennt im Römerbrief die Frau des Simon seine „Mutter".

So ging es mit dem Simon. Und nun fällt uns ein, daß es in der Bibel wimmelt von Leuten, die eigentlich gar nicht dabeisein wollten und dann doch auf einmal zu der Schar gehörten, welche durch das Lamm Gottes erlöst und in ein neues Leben versetzt wurden: Paulus gehört dazu und Onesimus und viele andere. Und ich wünschte, daß alle unter uns, die noch am Rande stehen und unbeteiligt an der Kreuzigung sind, dazukämen und hineingezogen würden in das neue, versöhnte und herrliche Leben aus Gott, das der Herr Jesus uns sterbend erworben hat.

2. Wie lernte Simon zum Bittersten „Ja" sagen?

„. . . den zwangen sie, daß er Jesus das Kreuz nachtrüge." Ich habe versucht, mich in die Seele des Simon zu versetzen. Welche Wut, wieviel ohnmächtiger Grimm, welche abgrundtiefe Verzweiflung erfüllten wohl sein Herz, als er so entehrt wurde! Er mußte sich anschreien lassen, er mußte sich von den rohen Soldaten antreiben lassen. „. . . sie zwangen ihn." Das sagt alles. Ein Mensch, ohnmächtig im Zwang böser und ungerechter Verhältnisse! Kennen wir das nicht auch?
Sicher sind unter uns Menschen, welche seufzen und sich zerreiben unter unwürdigen Verhältnissen, die sie nicht ändern können.
Armer Simon! Wenn ein Mensch explodieren könnte, dann wäre er jetzt explodiert. Nun konnte er nur mit den Zähnen knirschen und innerlich wüten.
Und da fällt sein Blick auf Jesus, der ihm vorangeht. Auf Jesus, den Schönsten unter den Menschenkindern! Auf Jesus, der der Welt Sünde auf seine Schultern genommen hat! Auf Jesus, in dem Gottes Gnade und Wahrheit zu uns kamen! Auf Jesus, von dem Johannes sagt: „Wir sahen seine Herrlichkeit", und von dem Pilatus sagt: „Sehet, ein Mensch!" Ja, sein Blick bleibt hängen an diesem großen Hohenpriester, der mit gewaltiger Entschlossenheit zum Altar geht, auf dem er das kräftigste Opfer opfern wird — sich selbst.
Auf den muß der Simon sehen. Und darüber geht ihm auf, daß er ja ein Erwählter ist; daß es die größte Ehre ist, diesem Heiland das Kreuz nachzutragen.
Da wird sein Herz froh. Das Kreuz wird ihm auf einmal leicht. Und wenn ihn auch keiner mehr zwänge — jetzt will er dem Heiland das Kreuz nachtragen. Er sagt „Ja!" zu dem Kreuz.
Seht, das — genau das ist die Geschichte aller Kinder Gottes. Der himmlische Vater bringt uns immer wieder in Lagen, wo Fleisch und Blut aufbegehren. Und dann werden wir darin hart — oder wir sehen auf Jesus und fassen es: Jetzt darf ich ihm einmal wieder das Kreuz nachtragen.
So lernt man Ja-Sagen zu den bitteren Dingen. Das ist die rechte Einübung im Christenstand. Das meinte der Erweckungsprediger Frikker, als er sagte: „Ein Christ muß die beschwerlichen Dinge lieben."

Als ein alter Christ eine harte Kränkung erfuhr, sagte er fröhlich: „Das geschieht dem alten Adam recht!" Hinter Jesus her lernt man Ja-Sagen zu den schwersten Wegen.

3. Wie baut der Herr seine Gemeinde?

Wenn wir diese Frage einmal an unseren Text stellen, tut sich eine Menge von Wahrheiten auf, die ich jetzt nur kurz andeuten kann.

Zunächst: Der Herr holt sich Leute, die eigentlich gar nicht daran dachten, Jesus-Jünger zu werden. Darum kommen sehr oft eher ganz gottlose Leute in das Reich Gottes als die Kinder christlicher Eltern.

Weiter müßt ihr auf folgendes achten: Genau in der Stunde, als man mit Jesus ein endgültiges Ende machen wollte, kam der Simon zum Glauben. Und wer waren die erfolgreichen Evangelisten, die ihn herbeiholten? Die Feinde Jesu, die ihn zwangen, das Kreuz zu tragen. Da wird klar: Die Feinde Jesu haben keine Chance. Mit aller Feindschaft müssen sie — ohne ihren Willen — nur dem Bau der Gemeinde Jesu dienen. O, unter welch siegreicher Fahne kämpfen doch alle, die dem Gekreuzigten folgen!

Und zuletzt: Ich stelle mir vor, wie der Simon später seine Bekehrungsgeschichte erzählte. „Ja", sagte er dann wohl, „meine tiefste Erniedrigung wurde mein Heil! Das ist ein seltsamer Zusammenhang."

Und so bekennen alle, die Jesus gehören: Wir haben eine eigene und wundersame Geschichte mit ihm. Jeder hat seine ganz eigene Geschichte mit Jesus. Aber — in einem sind diese Geschichten gleich: Im Zerbrechen wurde er mein Heil, ließ er mich dabeisein, machte er mich reich.

Der Mann, der das Außergewöhnliche tat

„Und alsbald lief einer unter ihnen, nahm einen Schwamm und füllte ihn mit Essig und steckte ihn auf ein Rohr und tränkte ihn. Die andern aber sprachen: Halt!" Matthäus 27, 48 und 49a

Wenn man unsere Zeit beschreiben will, dann pflegt man zu sagen: Es ist das Zeitalter des Massenmenschen. Die Menschen werden immer mehr eine dumpfe, gleichförmige Masse mit genormten Frisuren, genormten Wohnungen, genormten Überzeugungen, genormten Vergnügungen.

Darum ist es seltsam — und doch sehr begreiflich! —, daß diese Massenmenschen ein großes Interesse für alle außergewöhnlichen Menschen haben. Man schmäht sie, man verlacht sie — aber man übersieht sie nicht.

Da es so steht, kann ich mit meiner Predigt auf ein großes Interesse hoffen; denn ich möchte euch in der Schar der Menschen unter Jesu Kreuz einen Mann zeigen, der etwas tat, was dort auf Golgatha völlig aus dem Rahmen fiel.

1. Was tat er und wer war er?

Oft bin ich mit meinen Gedanken an jenem Karfeitag dort auf dem Hügel Golgatha gewesen. Und ich bin immer von neuem entsetzt, wie dort die bestialische menschliche Natur entlarvt wird. Nach dem Geschehnis von Golgatha sollte man nicht mehr von dem „guten Kern" des Menschen reden, sondern nur noch von seiner Erlösungsbedürftigkeit.

Da fanden sich die Vornehmsten des Volkes und spotteten. Da machten hartherzige Kriegsleute rohe Späße. Da stand das Volk und schaute dem grausigen Schauspiel zu — in abgründigen Tiefen des Herzens erregt! Da waren einige Freunde zu sehen, auch sie nur in tränenreicher Hilflosigkeit.

Ein elendes Bild! Wohin das Auge schaut, nur Roheit und Passivität. Nein! Eine einzige Ausnahme meldet uns die Bibel. Eine einzige Ausnahme. Ich habe einmal gesehen, wie durch eine Schneedecke hindurch ein Büschel Schneeglöckchen gebrochen war: Ergreifend, diese kleinen Blüten in dem kalten Schnee! So kommt mir die Tat dieses einen Mannes vor.

Das Leiden des Heilandes war auf den Höhepunkt gekommen; in seiner entsetzlichen Leibes- und Seelennot rief er in die unheimliche Dämmerung jenes grauenvollen Tages hinein: „Mich dürstet!"

Unter den römischen Wachsoldaten saß ein Mann, dem die Qual des Sterbenden an das Herz griff. So tauchte er einen Schwamm in den Weinessig, der zur Erfrischung der Soldaten dastand, steckte ihn auf ein Rohr und versuchte, den Gekreuzigten ein wenig damit zu erquicken.

Nun möchte ich das Lob dieses Mannes singen. Eine kleine Tat der Barmherzigkeit inmitten all der Greuel! Ein Mann, der nicht nur sich selber sah! Ein Mann, der noch ein weiches und barmherziges Herz hatte! Ist nicht Golgatha ein Spiegelbild der Welt? Wohin wir sehen: Selbstsucht und rohes Lachen! Grausamkeit und Härte! Überall Tränen, Qual und Leid! Und lachender Tanz derer, die sich selbst in Sicherheit gebracht haben!

Wie schön ist es, daß es aber doch zu allen Zeiten solche Leute gegeben hat wie diesen römischen Soldaten! Ich denke an eine alte flämische Frau in Belgien, bei der ich eines Nachts noch Quartier bezog als junger Soldat. Ach, ich war müde, barsch und unfreundlich und befahl ihr, mich um 6 Uhr zu wecken. Und wie tat sie das? Ich erwachte, als sie mir über die Stirn strich und liebreich sagte: „Min Jong, mußt opstahn!"

Oder ich denke an einen Wachtmeister im Essener Polizeigefängnis. Als ich da während der Nazizeit eines Tages sehr verzweifelt saß, kam er leise herein und legte sein Frühstücksbrötchen vor mich hin.

Jesus erwartet nicht große Dinge. Er sagt: „Ich bin krank gewesen, und ihr habt mich besucht; ich bin durstig gewesen, und ihr habt mich getränkt." Freunde! Wie steht es mit uns? Ich fürchte, unser Leben ist bei aller Christlichkeit sehr arm an solchen kleinen und doch so großen Taten! „Wenn ich mit Menschen- und mit Engelzungen redete und hätte der Liebe nicht, so wäre ich ein tönendes Erz und eine klingende Schelle."

2. Wer tat das eigentlich Außergewöhnliche?

Wie wohltuend berührt die freundliche Geste der Barmherzigkeit unser Herz!

Ist es so? Ja, dann sollte unser Herz aber doch geradezu entbrennen, wenn wir unseren Blick von dem römischen Soldaten wegrichten hin auf Jesus am Kreuz. Denn wenn uns bei dem Soldaten ein Tröpflein der Barmherzigkeit erquickt — bei dem Heiland finden wir einen Ozean von Liebe und Barmherzigkeit. Wenn wir sprechen wollen von „dem Mann, der Außergewöhnliches tat", dann können wir nicht bei dem Römer stehenbleiben — dann m ü s s e n wir von Jesus reden!

Was opferte denn der Soldat? Nichts! Aber Jesus gab die Herrlichkeit beim Vater dahin. Der Soldat erwies eine Liebe dem schönsten und edelsten aller Menschen. Jesus aber opferte sein Leben in Liebe für uns, die wir böse und Gott ein Greuel sind.

Was schenkte der Römer? Ein paar Tropfen Weinessig. Und Jesus? Er gibt sich selbst!

Ich weiß nicht, ob uns allen ganz klar ist, was das bedeutet. Im Römerbrief steht: „Gott hat seinen eingeborenen Sohn dahingegeben. Wie sollte er uns mit ihm nicht . . ." — hier muß man einen Augenblick den Atem anhalten — „. . . a l l e s schenken!?"

„Alles!" Wahrscheinlich haltet ihr das für übertrieben. Aber damit würdet ihr erklären, daß die Bibel ein Lügenbuch sei.

Alles wird uns durch Jesu Sterben und Auferstehen geschenkt: Kindschaft bei Gott, völlige Austilgung unserer Schuld, ewiges Leben und großer Friede, tiefe Freude und ganze Erneuerung unseres Lebens, unendliche Freiheit und Loslösung von der Qual aller Sorgen. Wenn wir es doch nur im Glauben fassen könnten!

Aber soviel können wir vielleicht schon mitsingen: „Es quillt für mich dies teure Blut, / das glaub und fasse ich. / Es macht auch meinen Schaden gut, / denn Jesus starb für mich." Und dann begreifen wir bereits das Unerhörte: Von Jesu Kreuz her strömt die Liebe des herrlichen Gottes in diese blutige und schreckliche Welt hinein. Ja, hier ist der Mann, der das Außergewöhnliche tut: Er liebt. Ach, wer kann dies Außergewöhnliche ermessen!

3. In welch ernste Lage wird man dadurch gebracht?

Kehren wir noch einmal zu dem Soldaten zurück! Er hat Erbarmen mit dem Sterbenden. So trägt er den Schwamm mit dem erquickenden Essig zu ihm hin.

In diesem Augenblick meldet sich die Welt zu Wort. Sie hat es nicht gern, wenn einer aus der Reihe tanzt, d. h. aus dem satanischen Tanz heraus auf Gottes Seite hinübertritt. „Halt!" ruft man dem Soldaten zu.

Was nun? Man hat dem Soldaten beigebracht, daß man unter allen Umständen sich in die Gemeinschaft hineinstellen muß. Andererseits — sollte man nicht barmherzig sein?

Plötzlich steht der Mann in einer schweren Gewissensentscheidung. Wißt ihr, was der Soldat getan hat? Markus berichtet es uns: Er hat den Mittelweg gewählt. Er hat dem Heiland den Trank gegeben, aber dabei kräftig mitgespottet. „Schlau", denkt ihr? O nein! Das war Verrat an seinem Gewissen. Und so wurde schließlich doch keine außergewöhnliche Tat daraus.

Das ist wichtig für uns! Auch wir werden dauernd in solche Gewissensentscheidungen gestellt! Ich denke an einen Jungen, der in unseren Jugendkreis kam und erzählte: „Ich stand an der Kinokasse.

Da sagte eine Stimme: Geh ins Weigle-Haus!" — Ich denke an einen Lehrjungen, der eine unkontrollierbare Portokasse ehrlich verwaltet. Ich denke an einen Kaufmann, der vor Weihnachten an den Sonntagen sein Geschäft geschlossen hält.

Vielleicht sagt nun mancher: Man kann doch nicht ganz dem Gewissen folgen! Nein, wir können es nicht. Und doch, wir können es, wenn der Gekreuzigte uns zu Kindern Gottes macht. Dann werden wir ganz frei. Und Gott regiert unser Gewissen.

Die Frau, der Besonderes zuteil wurde

> *„Da nun Jesus seine Mutter sah und den Jünger dabeistehen,*
> *den er liebhatte, spricht er zu seiner Mutter: Weib, siehe, das*
> *ist dein Sohn!"* Johannes 19, 26

Es gibt viel grausame Einsamkeit in dieser Welt. Mitten im Gewimmel der Großstädte können Menschen unsagbar einsam sein.

Aber ob wohl je einmal ein Mensch so todeinsam gewesen ist wie Jesus auf Golgatha? Wir sehen unter seinem Kreuz glotzendes Volk, rohe Gesellen und spottende Intellektuelle. Schlägt denn nirgendwo ein Herz für ihn?

Der Dichter Paul Gerhardt hat im Geist einen Blick getan in die ewige Welt. Und da hat er gleichsam das Gespräch belauscht, das der Vater mit dem Sohn führte: „Geh hin, mein Kind, und nimm dich an / der Kinder, die ich ausgetan / zu Straf und Zornesruten . . ." Und der Sohn antwortet: „Ja, Vater, ja von Herzensgrund, / leg auf, ich will's gern tragen . . ." Und über diesem Gespräch kommt der Dichter zu einer gewaltigen Anbetung: „O Liebe, Liebe, du bist stark, / du streckest den in Grab und Sarg, / vor dem die Felsen springen!"

Diese Liebe verströmt sich hier am Kreuz. Ist denn da kein Herz, das darauf achthat? Bis zum heutigen Tage sind die Menschen wie Felswände, zwischen denen der Liebesruf Gottes trostlos verhallt.

Aber seht! Schon dort auf Golgatha — unter dem Kreuz — regt es sich. Da finden sich Herzen, die nicht von Stein sind. Da kommt der römische Hauptmann zum Glauben an Jesus. Und da steht Maria neben dem Jünger Johannes. Nein, die beiden haben keine Felsenherzen. Wir wollen heute die Mutter Jesu ansehen:

1. Sie bekam einen barmherzigen Blick

Als Jesus geboren war und Maria das Kindlein nach der Sitte ihres Volkes in den Tempel trug, trat ihr ein alter Gottesmann, Simeon, in den Weg. Der nahm das Kind auf seine Arme und lobte Gott dafür, daß er in ihm den Heiland erkennen durfte. Dann aber sagte er zu Maria ein schreckliches Wort: „Es wird ein Schwert durch deine Seele dringen."

Nun war die entsetzliche Stunde gekommen, da das Schwert durch die Seele der Mutter fuhr. Und da geschah es, daß Jesus die Maria ansah.

Haltet ihr das für selbstverständlich? Ich meine, dieser Blick des Heilandes liegt nicht im Bereich der natürlichen Liebe. Wer mit einem so harten Sterben beschäftigt ist, der hat im allgemeinen keinen Blick für die Nöte seiner Umgebung, der hat mit sich selbst genug zu tun. Zudem ist es eine alte Erfahrung, daß Eltern wohl die Not ihrer Kinder sehen, aber die Kinder sehen nicht das Leiden ihrer Eltern.

Nein, dieser Blick Jesu lag nicht im Bereich der natürlichen Liebe. „Da Jesus seine Mutter sah . . ." Das ist der gleiche Blick, mit dem der Heiland alle zerbrochenen Herzen entdeckte und ansah. Es ist der gleiche Blick, mit dem er den Zachäus anschaute, als der mit seinem unruhigen Gewissen auf dem Maulbeerbaum saß; der gleiche Blick, mit dem er den Kranken am Teich Bethesda entdeckte, der dort 38 Jahre verzweifelt gelegen hatte. Das Auge des Sohnes Gottes hat sich spezialisiert auf das Elend und auf zerbrochene Herzen. Darum sagt Gottes Wort: „Der Herr ist nahe denen, die zerbrochenen Herzens sind, und hilft denen, die ein zerschlagenes Gemüt haben."

Einst hielt ich in einer kleinen Stadt Evangelisationsversammlungen. Vor der Kirchtür stand ein Trupp junger Burschen. Ich rief ihnen zu: „Kommt doch auch herein!" Da bliesen sie mir ihren Zigarettenrauch ins Gesicht und erklärten verächtlich: „Das ist nichts für uns! Davon wollen wir nichts wissen." Während ich weiterging, überlegte ich, warum diese Burschen wohl überzeugt waren, daß das Evangelium nichts für sie sei. Und ich mußte denken: Diese Jungen haben recht. Für so völlig ungebrochene Herzen bleibt das Evangelium dunkel. Jesus sucht die zerbrochenen und zerschlagenen Gewissen.

2. Sie bekam ein dunkles Wort

Jesus sagt seiner Mutter — im Blick auf den Johannes: „Weib, siehe, das ist dein Sohn."

Dies Wort wird gewöhnlich so ausgelegt, daß Jesus der Maria gleichsam einen Ersatz schaffen wollte in seiner Todesstunde. Und dann wird rührend davon geredet, wie er noch sterbend für seine Mutter gesorgt habe. Ich glaube, daß wir damit das Wort verkitschen. Wer je einen Sohn verloren hat, der weiß, daß es für den keinen Ersatz gibt. Sollte das der Herzenskündiger nicht erst recht wissen?

Aber warum weist Jesus dann seine Mutter an den Johannes?

Wir müssen hören, daß dieses Wort einen sehr harten Klang hat. Hier weist Jesus seine Mutter gleichsam von sich weg. Mit diesem Wort macht er einen Schnitt zwischen sich und Maria. Er ist der Sohn Gottes. Er w u r d e Mensch. Er w a r uns gleich. Aber er b l e i b t es nicht. Er ist die zweite Person des dreieinigen Gottes, und er kehrt zurück in die Herrlichkeit.

Im 17. Jahrhundert stritten die orthodoxen Theologen darüber, wo der Herrlichkeitsweg Jesu beginne, wo die Kurve seines Lebens sich wieder nach oben wende aus der Erniedrigung heraus. Die einen sagten: Bei der Himmelfahrt, wo er sich zur Rechten Gottes gesetzt hat. Die anderen meinten, die Aufwärtskurve beginne schon bei der glorreichen Auferstehung. Manche waren der Ansicht, seine Verherrlichung beginne schon bei seinem Gang ins Totenreich zwischen Karfreitag und Ostern.

Nun, ich meine, seine Loslösung von seiner Menschlichkeit und seine Glorifizierung beginne in diesem Augenblick, wo er sich von seiner Mutter löst; wo er seine Mutter hinweist zu seinem Jünger und sich selber ganz zum Vater wendet.

So sehen wir das Eigenartige: Der Sohn Gottes ist herabgestiegen in die tiefsten Tiefen. Aber von ihm heißt es in Philipper 2: „Darum hat ihn Gott erhöht." Diese Erhöhung beginnt im Augenblick seines Sterbens, als er am Kreuz hängt, als die blinde Menge ihn verspottet. Aus der Niedrigkeit des Gekreuzigten leuchtet die Herrlichkeit des Sohnes Gottes heraus!

Meint jemand, dies sei eine müßige Überlegung? Gewiß nicht! Denn gerade daran kann uns groß werden, daß Jesu Tod gewiß eine Erlösung ist. Dieser herrliche Sohn Gottes gibt sich für uns hin. Das muß ja eine gewaltige Versöhnung sein. Das muß eine wirkliche Befreiung bedeuten.

3. Sie bekam einen Auftrag

„Weib, siehe, das ist dein Sohn." Zwei sehr gegensätzliche Menschen schließt Jesus hier mit einem Wort zusammen: Maria war alt, Johannes jung. Maria war eine Frau, Johannes ein Mann. Maria war in ihrem Glaubensleben sehr schwankend, wie die Evangelien uns immer wieder berichten. Johannes war zielklar in der Linie seines Lebens. Wirklich — das waren zwei sehr verschiedene Menschen, die der Heiland hier zusammenführte. Warum tat er das?

Das Ziel ist seine „Gemeinde". Von dieser Gemeinde gilt zweierlei: a) sie sammelt sich unter dem Kreuz; b) von ihr kann gesagt werden: „Hier ist kein Jude noch Grieche, hier ist kein Knecht noch Freier, hier ist kein Mann noch Weib; denn ihr seid allzumal e i n e r in Christo Jesu."

Erkennen wir nun, daß Maria und Johannes hier die Urzelle der Gemeinde darstellen? Ja, in dieser Stunde stiftet Jesus seine Gemeinde. Man hat oft gesagt, die Geburtsstunde der Kirche sei an Pfingsten. Nein, hier ist ihr erster Anfang, wo Jesus Johannes und Maria zusammenführt.

Jesus stirbt. Aber das Ich des Johannes und das Ich der Maria sterben mit. So werden sie frei füreinander, und so entsteht die Gemeinde Jesu Christi in der Welt.

Der Mann, dem ein Licht aufging

> „Aber der Hauptmann und die bei ihm waren und bewahrten Jesum, da sie sahen das Erdbeben und was da geschah, erschraken sie sehr und sprachen: Wahrlich, dieser ist Gottes Sohn gewesen!"
> Matthäus 27, 54

Als ich noch zur Schule ging, hatten wir einen alten Mathematik-Professor. Der hat sicher viel Not mit uns gehabt. Wenn wir aber endlich etwas begriffen hatten, dann rief er triumphierend: „Ha, nun geht euch ein Licht auf!"

Wir brauchen wahrscheinlich alle häufig diesen Ausdruck: „Es geht mir ein Licht auf." Nun meine ich aber, man könnte diesen Ausdruck mit Recht nur in einem einzigen Fall anwenden. Nämlich dann, wenn in unseren Herzen die Erkenntnis Jesu Christi aufgeht. Er allein ist das Licht der Welt. Und wenn er wie der helle Morgenstern in unseren Herzen aufgeht, dann ist uns in Wahrheit das Licht aufgegangen. Davon spricht unser Text:

1. Wer war dieser Mann?

Wir begeben uns im Geist nach dem Hügel Golgatha. Wilder Lärm umfängt uns — eine wahre Höllensymphonie! Man hört das Geschrei der Menge, das Fluchen der Kriegsknechte und dazwischen das Klappern der knöchernen Würfel, mit denen sie um das Gewand des Erlösers würfeln. Da mischt sich in das Stöhnen der Gekreuzigten das Weinen der Freunde Jesu . . . Das alles ist im Grunde selbstverständlich.

Aber erstaunlich ist etwas anderes: Ganz vorn stehen — unmittelbar unter Jesu Kreuz — die Hohenpriester und Ältesten Israels. Keinen Blick lassen sie von diesem sterbenden Jesus. Und von ihren Lippen sprüht giftiger Hohn.

Ein paar Schritte von ihnen steht aufmerksam der römische Centurio, der das Hinrichtungskommando befehligt. Wahrscheinlich war er zuerst sehr unbeteiligt. Aber allmählich verwundert er sich: Was muß das für ein seltsamer Verbrecher sein, mit dem diese kultivierten, gelehrten und feinsinnigen Männer bis in sein Sterben hinein sich auseinandersetzen! So hört er zu. Was rufen sie denn?

„Bist du G o t t e s   S o h n, so steig herab vom Kreuz!" . . . „Er hat Gott vertraut, der erlöse ihn nun, hat er Lust zu ihm; denn er hat gesagt: Ich bin G o t t e s   S o h n."

Der aufmerksame Hauptmann hört immer wieder die zwei Wörter: „Gottes Sohn." Jetz muß er sich doch diesen seltsamen Gekreuzigten ansehen. Sein Blick geht auf Jesus. Und nun kommt er von ihm nicht mehr los. Er achtet kaum darauf, daß eine seltsam fahle Finsternis einbricht. Es ist ihm unwichtig, daß es stiller wird auf Golgatha. Er muß immer nur Jesus ansehen. Er beobachtet Jesu Gespräch mit dem Schächer; er hört, wie Jesus sieghaft ruft: „Es ist vollbracht!" Er verwundert sich, als dieser gewaltige Streiter wie ein müdes Kind sagt: „Vater, in deine Hände befehle ich meinen Geist." Und er sieht, daß nun alles zu Ende ist. Darüber ist diesem Kriegsmann ein ganz großes Licht aufgegangen. Er wendet sich um zu der Gruppe der Hohenpriester und Ältesten und ruft ihnen laut und trotzig zu: „Wahrlich, dieser i s t Gottes Sohn gewesen!" Es ist wie ein Gericht über alle Ankläger Jesu. In der großen Stille steht nun dies Wort gewaltig da: G o t t e s   S o h n !

Schon ein paarmal vorher wird im Neuen Testament erzählt, wie die Frage nach der Gottessohnschaft Jesu aufbrach: In einer einsamen Gegend bei Cäsarea hat Petrus zum erstenmal diese Erleuchtung gehabt: „Du bist Christus, der Sohn des lebendigen Gottes." Damals gebot

Jesus, es geheimzuhalten. Dann die Szene, wo Jesus angeklagt vor dem Hohenrat steht und der Hohepriester fragt: „Bist du Gottes Sohn?" Worauf Jesus antwortet: „Ja!" Und nun verkündigt ein römischer Hauptmann diese unerhörte Botschaft laut unter dem Kreuz: „Der Himmel ist zerrissen, und Gott hat seinen eingeborenen Sohn gegeben!"

2. Hier werden Geheimnisse des Reiches Gottes offenbar

Zunächst möchte ich euch darauf hinweisen, daß es eigentlich unerklärlich ist, wie es dazu kam, daß diesem Hauptmann ein Licht über Jesus aufging. Bei Jesu Tod geschahen seltsame Dinge: Der Vorhang im Tempel zerriß, Gräber taten sich auf, die Erde bebte. Aber — nicht wahr — von all dem bekam der Hauptmann doch nur das Erdbeben mit. Und so ein Beben ist im Morgenland häufig. Das allein konnte ihm doch nicht ein Licht aufstecken. Hier steht: „Als der Hauptmann sah, was da geschah . . ." Es geschah im Grunde nur ein einziges: Jesus starb — starb schmählich am Galgen. Und beim Ansehen des Sterbenden ging dem Hauptmann die Glorie Jesu auf.

Das ist unerklärlich. Aber — dies ist das Wunder des Glaubens. Seht nur im Geist recht den Gekreuzigten mit der Dornenkrone an! Entweder geschieht nichts in euch. Und dann weiß ich nicht, was eure toten Herzen noch retten könnte. Oder es geht euch im Anblick des Gekreuzigten das große Licht auf: Gottes Sohn! Glorie! Und dann faßt ihr es: „Also hat Gott die Welt geliebt, daß er seinen eingeborenen Sohn gab, auf daß alle, die an ihn glauben, nicht verloren werden, sondern das ewige Leben haben." Gott schenke uns durch den Heiligen Geist dies inwendige Licht!

Weiter muß ich euch auf folgendes hinweisen: Hier standen die Hohenpriester und Ältesten Israels. Sie hatten die Bibel des Alten Testaments, worin nicht nur allgemein vom Messias geschrieben steht, sondern auch im einzelnen vorausgesagt ist, daß er niedrig und ein Leidender sein wird. Aber sie erkannten ihn nicht. Und ihr Leben blieb ein fleischliches Leben, in Nacht und Haß.

Und dort stand der heidnische Römer. Der hatte keine Ahnung von den Verheißungen Gottes. Aber er bekam Licht über den Sohn Gottes und glaubte an ihn. Jesus hat einmal gesagt: „Die Ersten werden die Letzten sein und die Letzten die Ersten." Und ich fürchte, das ist heute wieder so. Unser christliches Bürgertum hat die Bibel, ist getauft und konfirmiert. Aber — wer kennt wirklich Jesus?! Und ist es nicht selt-

sam, daß die lebendigen Kräfte der Christenheit immer mehr wegge-
wiesen werden von diesem christlichen Bürgertum zu denen an den
Hecken und Zäunen?

Und dann ist noch dies bemerkenswert in dem Text: Der Hauptmann
wird weder vorher noch nachher in der Bibel erwähnt. Alle seine
Kriegstaten, seine Orden und Ehrenzeichen waren vor Gott unwichtig. Wichtig war nur, daß er an den Sohn Gottes glaubte. Es ist also
vor Gott ganz belanglos, wer ihr seid und was ihr Großes tut, wenn
nicht in euren Herzen das Licht über Jesus aufgeht. Aus der Dunkelheit und der Masse der Verlorenen treten wir nur heraus in das Licht
Gottes, wenn Jesus in uns aufgeht.

Aber ich bin gewiß, daß wir in der Ewigkeit noch die s p ä t e r e Geschichte des Hauptmanns hören werden. Davon gilt, was in Römer 8
steht: „Welche Gott zuvor ersehen hat, die hat er auch verordnet, daß
sie Jesus gleich werden sollen. Welche er aber verordnet hat, die hat
er auch berufen. Welche er aber berufen hat, die hat er auch gerecht
gemacht. Welche er aber gerecht gemacht hat, die hat er auch herrlich
gemacht."

3. Hier sehen wir die stärkste Großmacht

Der Hauptmann verkörperte eine Großmacht: Rom! Aber in dieser
Stunde wurde er Vertreter einer größeren Macht, nämlich — des Gewissens.

Stellt euch vor: In einem totalen Staat wird ein Mann zum Tod durch
Erschießen verurteilt. Als alles zu Ende ist, erklärt der Leutnant, der
das Kommando befehligte: „Dieser Mann war unschuldig!" Nicht
wahr, dieser Leutnant ist erledigt! Den packt sofort die Staatspolizei.
Nun: Rom war ein totaler Staat. Dann hat dieser Hauptmann also —
wahnsinnig gehandelt?

Nein! Sondern wenn wir innerlich Licht bekommen, wacht das Gewissen auf. Dann fragt man nicht mehr: „Was nützt mir?" oder:
„Was tun alle?" Dann fragt man: „Was will Gott von mir?"

Unsere Zeit schwätzt viel von Freiheit. Ich meine: Nur dann lebt man
in wahrer Freiheit, wenn Gott das Gewissen beschlagnahmt hat. „Der
eine fragt: Was kommt darnach? Der andere: Was ist recht? / Und
also unterscheidet sich der Freie von dem Knecht!"

Der Undurchsichtige unter dem Kreuz

„Es standen aber alle seine Bekannten von ferne und sahen das alles."
Lukas 23, 49

„Es kam aber auch Nikodemus, der vormals in der Nacht zu Jesum gekommen war, und brachte Myrrhe und Aloe untereinander bei hundert Pfunden."
Johannes 19, 39

Vor kurzem wurde ich um Auskunft gebeten über einen Mann, den ich auf einer meiner Reisen kennengelernt hatte. Ich mußte antworten: „Ich kann kein Urteil abgeben. Ich schaue bei dem Mann nicht recht durch."

Unter Jesu Kreuz stand wahrscheinlich — daß wir es nicht ganz genau wissen, ist bezeichnend — ein Mann, von dem wir auch so sagen müssen: der Ratsherr und Pharisäer Nikodemus. Wie verschieden wird er von den Auslegern beurteilt! Die einen sehen in ihm einen edlen Wahrheitssucher, die anderen einen Mann, der nicht den Mut zur Wahrheit hatte.

Nikodemus war einmal heimlich in einer nächtlichen Stunde zu Jesus gekommen. Er gehörte also vermutlich zu den „Bekannten, die von ferne auf Golgatha standen und dem Tode Jesu zusahen". Daß er dabei war, entnehme ich der Tatsache, daß er gleich zur Stelle war, als Jesus begraben wurde.

Er „sah das alles". Hier handelte es sich gewiß nicht um solch ein Glotzen wie bei dem Volk, sondern um ein erschüttertes Miterleben. Aber — er sagt kein Wort. Jetzt nicht und später nicht.

1. Der Mann am Rande des Lichtkreises

Laßt uns doch einmal zusammentragen, was wir von Nikodemus wissen! Dann werden wahrscheinlich manche sich in ihm wiedererkennen. Er war ein ernster, frommer Mann; denn er gehörte zu den Pharisäern, die es ernst nahmen mit den Geboten Gottes.

Und er hatte ein empfängliches Gemüt für die Wahrheit; denn Jesus zog ihn gewaltig an. So kam er eines Nachts heimlich zu ihm. Aber das wurde ein wunderliches Gespräch. Nach der Begrüßung sagte Nikodemus nur zweimal das gleiche. Der Herr erklärte ihm: „Es sei denn, daß ein Mensch von neuem geboren werde, sonst kann er nicht in das Reich Gottes kommen." Darauf erwiderte Nikodemus nur entsetzt: „Wie mag solches zugehen?" Jesus eröffnete ihm die herrlichsten Wahrheiten. Aber wir finden nicht die Spur einer Antwort von Nikodemus.

Später hören wir wieder von diesem Mann: Die Hohenpriester gingen mit Mordplänen gegen Jesus um. Tapfer stand Nikodemus im Hohenrat auf und mahnte: „Man darf doch keinen Menschen richten, ehe man ihn verhört hat." Da fuhren sie auf: „Gehörst du auch zu Jesus?" Seltsam — darauf gab der Mann keine Antwort. Ob er wohl keine wußte?"

Und nun stand er unter dem Kreuz von Golgatha. Er gesellte sich nicht zu seinen Kollegen vom Hohenrat, die laut spotteten. Nein! Er stand bei den „Bekannten" Jesu. Aber während der Hauptmann es laut bekannte: „Dieser ist Gottes Sohn!" — sagte Nikodemus kein Wort.

Bei der Beerdigung Jesu brachte er wertvolle Salben. Wir würden sagen: Er legte einen herrlichen Kranz nieder. Aber — weiter hören wir nichts mehr von ihm. Er gehörte ganz offenbar nicht zu der ersten Christengemeinde. Ich denke: Als er die Botschaft von der Auferstehung Jesu hörte, hat er wieder nur gesagt: „Wie mag solches zugehen?"

Jesus, der Sohn Gottes, ist „das Licht der Welt". Um ihn her ist gleichsam ein Lichtkreis. Ganz am Rande dieses Lichtkreises steht Nikodemus. O, da stehen viele.

Kürzlich war ich abends in einem herrlichen Laden und beobachtete dort etwas Seltsames: Immer wieder traten Leute an das Schaufenster von außen heran. Das Licht fiel auf sie. Sie sahen all das Schöne. Aber — sie gingen nicht in den Laden hinein. Da dachte ich: Ich kenne viele, die in ihrem geistlichen Leben diesen Leuten gleichen. Sie kommen an den Lichtschein Jesu heran. Die Botschaft von seinem Heil lockt sie. Sie gehen eine Zeitlang wie sehnsüchtig durch unsere Gottesdienste und Evangelisationen. Aber — sie treten nicht in das volle Licht des Heiles Christi.

Der Hauptmann unter dem Kreuz glaubte und trat in das Licht. Der Verfolger Paulus bekehrte sich zu Jesus und trat in das volle Licht. O, ihr Leute am Rande! Tretet doch herein!

2. Gibt es Menschen, die nicht glauben können?

Diese Frage kommt einem unwillkürlich bei dem Nikodemus. Er war offenbar ein Mann, der an den Sohn Gottes glauben wollte und nicht konnte.

Kürzlich bezeugte ich einem Mann, wieviel Herrliches ich durch meinen Heiland bekommen habe: Vergebung meiner Schuld, Befreiung von der Unruhe meines Gewissens, Frieden mit Gott, Kindschaft bei Gott, ewiges Leben, Freude, Hoffnung, Trost und noch viel mehr.

Da erwiderte der Mann nur: „Ich beneide Sie um Ihren Glauben. Aber — ich kann das nicht fassen."

Ich k a n n nicht! Gibt es Menschen, die nicht glauben k ö n n e n ?

Ich antworte: „Nein!" Wenn es solche Leute gäbe, dann wäre Gottes Wort ein großer Irrtum, dann wäre Gott ein Lügner. Der Sohn Gottes hat gesagt: „Wer zu mir kommt, den werde ich nicht hinausstoßen." Und er hat gesagt: „Wer anklopft, dem wird aufgetan."

Jetzt ist es schade, daß bei der Predigt der Pfarrer allein das Wort hat. Sonst würden nun sicher manche aufstehen und erklären: „Bei mir ist es aber so. Ich möchte glauben. Aber ich kann nicht!" Das mag nun mancherlei Gründe haben.

Einigen würde ich antworten: „Ihr wollt ja in Wirklichkeit gar nicht. Euch ist euer altes Sündenleben viel zu lieb, als daß ihr euch bekehren wolltet."

Den meisten aber würde ich antworten: „Ihr macht's verkehrt. Ihr zergrübelt euch mit eurem Verstand. Aber das Wichtigste tut ihr nicht: Ihr klopft nicht an. Ihr müßt anklopfen! Schreit doch zum Herrn: ‚Gib mir Licht! Laß mich dein Heil finden! Erleuchte mich durch den Heiligen Geist!' — Er wird euch hören. Er lügt nicht. Wer anklopft, dem wird aufgetan!"

Vor meiner Seele steht, was mir eine alte Bergarbeiterwitwe erzählte, in deren Hause der Essener Erweckungsprediger Dammann die ersten Bibelstunden gehalten hat. Die hörte als junges Mädchen die erste Predigt von Dammann über das Wort, welches Jesus dem Nikodemus sagte: „Also hat Gott die Welt geliebt, daß er seinen eingeborenen Sohn gab, auf daß alle, die an ihn glauben, nicht verloren werden…"

Auslegend sagte Dammann: „Ich fürchte kein Wort so wie das Wort ‚verloren'." Das brachte das Mädel in große innere Unruhe und Not, die durch allerlei Erlebnisse noch gesteigert wurde. Es war ergreifend, wie sie erzählte, sie habe nun immer nur den einen Vers gebetet, den sie kannte: „Eins ist not, ach Herr, dies Eine / lehre mich erkennen doch…" Das war Anklopfen! Mit diesem Vers auf den Lippen wanderte sie von Stoppenberg wieder nach Essen zu einer Predigt von Dammann. Sie flehte unablässig: „Eins ist not, ach Herr, dies Eine / lehre mich erkennen doch…" Es war ihr eine Hilfe beim Anklopfen, als nun ausgerechnet dies Lied gesungen wurde. Darauf las Dam-

mann den Text: „Jesus sagt: Ich bin die Tür. So jemand durch mich
eingeht, der wird selig werden." In dem Augenblick ging ihr die Tür
auf, und sie trat ein in das Leben.

3. Das unvollendete Leben

Wie ging eigentlich die Geschichte von Nikodemus aus? Eine alte
Sage berichtet, er sei später Christ geworden und als solcher aus dem
Hohenrat ausgestoßen worden. Man hat wohl gedacht, so müsse es
doch sein. Aber — das ist eine Sage. Wir wissen nichts.
Eine der Symphonien von Schubert trägt den Namen „Die Unvollendete". Es gibt nicht nur unvollendete Symphonien, sondern auch
unvollendete Leben. Ihr könnt sein, was ihr wollt — es ist bei uns
allen wie bei Nikodemus: Unser Leben bleibt unvollendet, bis wir klar
im Lichtkreis Jesu stehen — bis wir sein Heil ganz ergriffen haben —
bis wir mit allen Kindern Gottes jubeln können: „Ich habe nun den
Grund gefunden, / der meinen Anker ewig hält. / Wo anders als in
Jesu Wunden? / Da lag er vor der Zeit der Welt, / der Grund, der
unbeweglich steht, / wenn Erd und Himmel untergeht."

Die Narren unter dem Kreuz

*„Die aber vorübergingen, . . . schüttelten ihre Köpfe und spra-
chen . . . Hilf dir selbst!"*   Matthäus 27, 39. 40

Es geht doch sehr verkehrt zu in der Welt! Da geben sich die Leute
viel Mühe, bis zum Aschermittwoch recht toll und närrisch zu sein.
Dann schaltet man langsam auf Ernst um. Und am Karfreitag legt
die ganze Welt die Stirn in feierliche Falten.
Dabei hätte die Welt es gar nicht nötig, sich v o r der Passionszeit so
viel Mühe mit ihrer Narrheit zu geben. Denn ihre närrische Tollheit
entfaltet sie ja ganz mühelos unter dem Kreuz Jesu. Karneval am
Karfreitag! Narrheit unter dem Kreuz! Davon spricht unser Textwort.
Laßt uns heute die vollendeten Toren anschauen!
Das Furchtbare und Unheimliche dabei ist, daß diese Leute ganz be-
stimmt die ehrbarsten Bürger Jerusalems waren: Leute, die nach dem
Wahlspruch lebten: „Ich tue recht und scheue niemand!" — Leute, die

von sich selbst und von anderen als sehr verständig angesehen wurden. Kurz, ich fürchte, wir haben in diesen Leuten recht unsere eigene Photographie.

1. Sie gingen vorüber

„Die aber vorübergingen . . .“ O nein! Sie gehörten nicht zu den Leuten, die zu Hause blieben und erklärten: „Die Sache mit Jesus geht mich nichts an!“ Sie waren unter dem Kreuz zu finden. Aber — sie gingen vorüber!

Ich sehe sie im Geiste vor mir, diese braven, tüchtigen, ordentlichen Leute, wie sie „vorübergehen“. Und hinter ihnen her zieht das ganze sogenannte christliche Abendland, ihnen folgen Millionen der sogenannten „Christenheit“. Sie alle gehen am Kreuz Jesu — „vorüber“.

Und das eben ist die vollkommene Narrheit. Was würdet ihr von einem Hungrigen sagen, der an einem Brot vorübergeht, das man ihm darreicht? Würdet ihr nicht einen Obdachlosen für einen Narren halten, dem sich eine Herberge öffnet und der daran vorübergeht? — Da ist ein Lastträger, der unter seiner Last zusammenbricht. Und dann kommt ein Starker und bietet ihm an: „Komm her, ich nehme dir deine Last ab!“ Der Zusammenbrechende aber geht vorüber. Ist er nicht ein Narr? Ein Narr wie der Ertrinkende, der am Rettungsring vorüberschwimmt?

Solch eine Narrheit — nein, eine viel ärgere ist es, wenn man an Jesu Kreuz vorübergeht. Denn das Kreuz ist nicht eine Station auf unserem Weg, sondern es ist das einzig mögliche Ziel unseres Lebens. Diesen Leuten, die vorübergehen — damals und heute — stelle ich den Grafen Zinzendorf gegenüber. Der hat gesagt: „Ich bin durch manche Zeiten, / ja auch durch Ewigkeiten / in meinem Geist gereist. / Nichts hat mir's Herz genommen, / als da ich angekommen / auf Golgatha. Gott sei gepreist!“ Hört es: „angekommen“! Das Kreuz ist nicht eine Station zum Vorübergehen, sondern das Ziel. Da darf man nicht vorübergehen. Da muß man für Zeit und Ewigkeit stehenbleiben. Wir singen gern in unserem Jugendkreis den Vers: „Am Kreuze meines Heilands, / da ist mein sicherer Stand . . .“

Seht, es gibt Tage, die schwer und dunkel vor uns stehen, wenn wir morgens aufwachen; Tage, vor denen wir einfach Angst haben. Wie köstlich, wenn man sich da besinnen kann: Mein Leben steht unter Jesus Kreuz! Ich bin ja ein versöhntes Kind Gottes! Er steht mir bei! Gestern bekam ich die Nachricht vom plötzlichen Tode einer noch

jungen Lehrerin. Da mußte ich denken: Wir sollten uns mehr klarmachen, daß wir sehr schnell vor das Angesicht Gottes gerufen werden können. Nicht wahr, es wird uns unheimlich dabei! Aber — wie
schön, wenn unser Leben unter Jesu Kreuz angekommen ist! Da weiß
man: Mein Heiland hat alle Schuld weggetragen. Ich darf gereinigt
und getrost zu Gott gehen. Ich darf als erkauftes Kind Gottes heim-
gehen in das Vaterhaus. Oh, laßt uns doch stehenbleiben unter dem
Kreuze des Erlösers!

2. Sie schütteln ihre Köpfe

Daran erkenne ich diese braven, tüchtigen Leute. Wann schüttelt
man den Kopf? Dann, wenn sich ein Mensch von der Normalebene entfernt und Unsinniges tut. Wenn also ein ernsthafter Herr plötzlich
anfinge, auf allen Vieren zu gehen, dann würden wir den Kopf schütteln.
Und so schüttelten sie den Kopf über Jesus. Ich habe mir einmal einen
ganz bestimmten Mann aus dieser Schar vorgestellt. Nennen wir ihn
Herrn Berechja!
„Herr Berechja!" würde ich fragen, „warum schütteln Sie den Kopf
über den Gekreuzigten?" Er antwortet: „Ich habe früher schon immer gesagt: Dieser Jesus ist von Sinnen. Diese überspitzte Frömmig-
keit! Dieses Getue mit Zöllnern und Sündern! Dieser ewige Streit
mit den Hohenpriestern! Da sehen Sie ihn am Kreuz! So mußte das
ja enden. Der hätte von mir lernen können, wie man ein vernünftiger
Mensch bleibt!"
„So?" frage ich nun wieder. „Sie halten also sich und Ihresgleichen
für das Normalmaß? Herr Berechja! Soviel ich weiß, leben Sie in einer
brüchigen Ehe. Sie haben Ihre Frau nicht sehr glücklich gemacht. Und
wie ist es eigentlich mit Ihren Geschäftspraktiken? Darf ich nur einmal an Ihre letzte Steuererklärung erinnern? Und der böse Streit mit
Ihrem Nachbarn! Und dann hörte ich, daß die Witwe von Ihrem frü-
heren Angestellten Not leidet. Ja, Sie wollten helfen. Aber Sie haben
es doch gelassen. Und finden sich in Ihrer Jugend nicht auch einige
trübe Geschichten, von denen man besser nicht redet? Und wie halten
Sie es mit Gott? Ehren Sie ihn? Lieben Sie ihn? Und — haben Sie Frieden im Herzen?"
So etwa würde ich reden. Und dann müßte ich sagen: „Herr Berechja! Sie sind ein Narr, daß Sie den Kopf schütteln über den, dem der
himmlische Vater das Zeugnis gibt: ‚Das ist mein lieber Sohn, an dem

ich Wohlgefallen habe.' Herr Berechja, Sie sollten besser den Kopf schütteln über sich selbst!"

Seht, das ist die vollkommene Narrheit, daß man seinen bösen, verlorenen Zustand für normal und in Ordnung hält. Oh, Gott decke es uns doch durch den Heiligen Geist auf, was für arme Leute wir sind! Dann sehen wir den Mann am Kreuz mit neuen Augen. Dann begreifen wir: Der erlöst mich! Der macht alles neu! Sein Tod ist mein Leben! Ich darf alles, alles Dunkle — Schuld und Ketten und Friedelosigkeit — mit an sein Kreuz geben. Er macht alles neu!

Und dann begreift man: Nicht mein altes Leben war normal. Sondern wenn ich ihm ähnlich werde, diesem Jesus, dann fange ich an, „normal" zu werden — nach Gottes Ansicht. Herr Berechja und seine Freunde hielten Jesus und seine Jünger für anomal und schüttelten ihre Köpfe über sie. Die Narren sahen nicht, wie Gott über sie selbst den Kopf schütteln muß.

3. Sie geben Jesus einen Rat

Zum Schluß kommt die tollste Narrheit. Ehe diese Bürger endgültig nach Hause gehen, um Kaffee zu trinken, geben sie dem Heiland kostenlos noch einen guten Rat: „Hilf dir selbst!" Das sagen sie ausgerechnet demjenigen, der am allerbesten weiß, daß die Welt mit diesem Rezept seit Jahrtausenden ins Unheil läuft.

Ja, das ist die armselige Weisheit der Welt: Hilf dir selbst! Mit Gebrüll hat man uns das geraten im „Dritten Reich". Das Ende waren Trümmer. Aber die Welt lernt nichts dazu. So weiß man heute noch nichts anderes als dies: Hilf dir selbst!

Ich kenne einen reichen Mann, der nach diesem Rezept lebt. Und es klappt offenbar. Aber wie, wenn's nun ans Sterben geht? Wenn alle Sünden aufstehen und ihn anklagen? Wenn die Hölle ihren Abgrund öffnet wie bei dem reichen Mann der Bibel? „Hilf dir selbst!" wird's dann heißen. Oh, der Narr!

Ich weiß von einer jungen Frau. Die war in eine böse Sache verstrickt und kam nicht heraus. Sie suchte Rat bei Menschen. Die rieten: Hilf dir selbst! — Ja, wie denn?

Seht, weil der Sohn Gottes wußte, daß wir uns selbst nicht helfen können, darum ging er ans Kreuz. Bleib da nur mal stehen und sieh dir den Schmerzensmann an! Vielleicht gehen dir die Augen auf und du erfährst, was Millionen froh bekennen: „Durch seine Wunden sind wir geheilt. Uns war geholfen, als wir uns dem Herrn Jesus ergaben. Er ist der ganz große Helfer." Herr Jesus, hilf mir selbst!

Die Spottenden unter dem Kreuz

„Desgleichen auch die Hohenpriester spotteten sein samt den Schriftgelehrten und Ältesten und sprachen: Andern hat er geholfen und kann sich selber nicht helfen. Ist er der König Israels, so steige er nun vom Kreuz, so wollen wir ihm glauben. Er hat Gott vertraut; der erlöse ihn nun, hat er Lust zu ihm; denn er hat gesagt: Ich bin Gottes Sohn." Matthäus 27, 41—43

Eine der ältesten Karikaturen, die wir kennen, ist ein Spottbild auf das Evangelium. Da hat ein römischer Soldat seinen christlichen Kameraden verhöhnt, indem er auf die Wand der Kasernenstube auf dem Palatin in Rom ein Kreuz kritzelte. An dem Kreuz hängt ein Mann mit einem Eselskopf. Daneben kniet einer mit betenden Händen. Und unter das Spottbild schrieb der „Künstler": „Alexamenos betet seinen Gott an."

Wer also heute über das Evangelium spottet, kann auf eine ehrwürdige Ahnenreihe zurückblicken.

Ja, der Spott über Jesus ist noch älter als diese Kasernenkunst. Schon unter dem Kreuz Jesu auf Golgatha wurde maßlos gespottet. Plump und unsinnig vom Pöbel, feinsinnig und überlegt von den „Intellektuellen". So würde man ja in unserer Sprache die Hohenpriester, Ältesten und Schriftgelehrten nennen.

Da der Spott über Jesus auch heute noch im Schwange ist, lohnt es sich, einmal zu predigen über die Spottenden unter dem Kreuz.

1. W a r u m   w i r d   J e s u s   v e r s p o t t e t ?

Es ist seltsam, daß das Evangelium verspottet wird. Denn bei den anderen Religionen denkt kein Mensch ans Verhöhnen. Wenn man einen Mohammedaner nach Mekka gewendet beten sieht, wird man ehrfürchtig vorübergehen. Wenn ein Afrikaner seinem Götzen das letzte Huhn opfert, wird man das seltsam finden, aber nicht lächerlich. Wer einen in Betrachtung versunkenen buddhistischen Heiligen beobachtet, wird sein Verhalten unbegreiflich finden, doch er wird nicht darüber spotten.

Wenn sich aber jemand zum gekreuzigten Sohn Gottes bekennt, geht der Spott los.

Wie kommt das? Der Spott in unserem Text zeigt es uns: Er entsteht an dem Gegensatz von Jesu unerhörtem Anspruch und seiner offenbaren Armseligkeit. Die Ältesten lachen: „Er hat gesagt: Ich bin Got-

tes Sohn! Er hat erklärt, daß die Allmacht auf seiner Seite stehe —
und jetzt hängt er ohnmächtig angenagelt am Kreuz. Wenn das nicht
lächerlich ist!"

Er sagt: „Mir ist gegeben alle Gewalt im Himmel und auf Erden" —
und offenbar regiert doch der Teufel in der Welt oder die Torheit und
Bosheit der Menschen.

Aber damit ist noch nicht alles gesagt. Wenn das alles wäre, dann
hätten diese Ältesten bei seinem Tode die Achseln gezuckt und gesagt: „Ein Narr weniger! Großer Schaum und nichts dahinter!" Warum waren sie denn so sinnlos erregt, daß sie sich nicht entblödeten,
einen Sterbenden zu verspotten? Was steckt dahinter?

Dies: Jesus hatte nicht nur gesagt, er sei Gottes Sohn, sondern er
hatte sich als solcher e r w i e s e n. Er hatte mit Vollmacht geredet.
Er hatte Blinde sehend gemacht, Aussätzige geheilt, Dämonen vertrie-
ben, den Sturm gestillt, Tote erweckt. Er war e r w i e s e n als Sohn
Gottes, als Sohn der Allmacht. Warum hing er denn nun ohnmächtig
am Kreuz? Damit wurde die Vernunft nicht fertig.

Jeder, der mit Jesus in Berührung kommt, fühlt seine ungeheure
Macht und Herrlichkeit. Er erweist sich mächtig an allen Herzen. Aber
daneben steht seine offenbare Ohnmacht. Nicht einmal seine Anhän-
ger sind, wie sie sein sollten. Damit wird man nicht fertig.

Nun sucht die Vernunft Auswege. Man sagt: Er war zwar gar nicht
Gottes Sohn, man muß aber seine Moral annehmen. Aber das ist
kein Ausweg. Seine Feinde bezeugen es: „Er hat gesagt: Ich bin Gottes Sohn."

Seht, das ist es: Man spürt Jesu Vollmacht am Herzen, aber man sieht
sein Kreuz und seine Niedrigkeit. Und weil da die Vernunft keinen
Ausweg weiß, spottet sie.

So ist aller Spott ein Zeugnis f ü r Jesus, ein Zeugnis, daß man mit
ihm innerlich nicht fertig wird; daß man ihn loswerden will, aber ihn
nicht loswerden kann.

2. D a s U n h e i m l i c h e d e s S p o t t e s

Sind hier Leute, die keine Klarheit über Jesus haben? Glaubt ihr meiner Predigt nicht? Dann hört doch auf diese klugen Feinde Jesu! Gift
spritzt von ihren Lippen. Aber es wird zu einem ungewollten Zeugnis
für den Mann am Kreuz.

„Er hat gesagt: Ich bin Gottes Sohn." Das also hat er gesagt. Damit
müßt ihr euch nun auseinandersetzen. In ihm ist Gott zu uns gekom-

men. Er ist die Tür zur anderen Welt. In ihm ist die Quelle alles Lebens aufgebrochen. So hat er gesagt.

Sie spotten: „Er hat Gott vertraut.“ Ihr Hohn muß dafür eintreten, daß sein ganzes Leben eine tiefe Verbundenheit mit dem Vater war — nach der wir uns so gewaltig sehnen. Ja, er durfte sagen: „Ich und der Vater sind eins.“

Sie spotten: „Andern hat er geholfen.“ Es ist unerhört: Da predigen diese Spötter ja nichts anderes, als was ich Sonntag für Sonntag verkündige: Der Sohn Gottes ist gekommen, uns zu helfen. „Er kommt, er kommt mit Willen, / ist voller Lieb und Lust, / all Angst und Not zu stillen, / die ihm an euch bewußt.“

Ist das nicht seltsam — ja, gerade unheimlich? Die kluge Spottrede wird zu einem gewaltigen, herrlichen Jesus-Zeugnis!

„Ja“, sagt ihr, „jetzt hast du einzelne Worte aus ihrer Spottrede aus dem Zusammenhang gelöst. Aber — was dazwischen steht . . .!“

Nun, was dazwischen steht, ist auch so seltsam. Es tastet sich wunderlich an die Wahrheit heran. Da spotten sie: „Andern hat er geholfen und kann sich selber nicht helfen.“ Das ist wahr. Er ist gebunden — gefesselt an das Leiden durch Seile der Liebe. Er will mich Verlorenen versöhnen, erkaufen, erretten. Nicht die Nägel — die Liebe hält ihn fest.

Sie höhnen: „Gott erlöse ihn, hat er Lust zu ihm.“ Es hat mich geradezu betroffen gemacht, daß hier die Stichworte des Evangeliums fallen: „erlösen“ — und: ob Gott noch Lust hat zu . . .

Ja, hier wird plötzlich deutlich, wie die Spötter „draußen“ sind, wie ihr Verstand verfinstert ist. Kommt ihnen keinen Augenblick in den Sinn zu fragen: „Hat denn der heilige Gott noch Lust zu m i r ?“ Und: „Wer wird m i c h erlösen vom Leibe dieses Todes, von der Hölle Gewalt und von mir selbst?“

Im Alten Testament wird eine unheimliche Geschichte erzählt, wie die Leute in Sodom mit Blindheit geschlagen wurden, daß sie eine Tür nicht finden konnten. So kommen mir die Spötter vor: Sie sind dicht vor der Tür. Aber ihre Augen sind mit Blindheit geschlagen.

3. Der Weg heraus aus dem Spott

Das haben wir nun wohl verstanden: Der Spott gehört zum Evangelium notwendig dazu. Das Evangelium ist eben göttlich. Darum sprengt es unser Denkschema. Du kannst den Ozean nicht in eine Waschschüssel bringen; und du kannst die göttliche Heilsbotschaft nicht in das Schüsselchen deiner Vernunft fassen. Darum spottet die Vernunft. Im Spott reagiert sie die beunruhigende Tatsache ab, daß sie mit Jesus nicht fertig wird.

Aber wie soll man denn nun das Evangelium vom Gekreuzigten und Auferstandenen fassen? Soll man den Verstand „an der Garderobe abgeben"? Nein!

Wir sollen erkennen: Das Kreuz wird begriffen nicht über die unerleuchtete Vernunft, sondern — über das Gewissen. Diese Ältesten begreifen das Kreuz nicht. Doch nicht ihre Klugheit steht im Weg, sondern ihre — Selbstgerechtigkeit.

Kürzlich bekannte in unserer Jugendbibelstunde ein 18jähriger Bursche: „Eines Tages habe ich begriffen, daß ich ein ganz böser Mensch bin und Gott ein Greuel. Ich habe versucht, mich zu ändern, aber ich konnte es nicht. Und dann kam ich zu Jesus. Und ich verstand, daß sein Blut mich rein wäscht und daß er mir ein neues Herz schenkt und daß er mich zu einem Kind Gottes erkauft hat."

Oh, Freunde, wir müssen uns selbst erkennen als verlorene Sünder. Dann stehen wir unter Jesu Kreuz und sprechen: Andern hat er geholfen und mir auch. Wir glauben ihm, weil er nicht vom Kreuz stieg. Wir haben ihm vertraut, und nun erlöste uns Gott durch ihn, weil er Lust zu uns hatte. Wahrlich, dieser ist Gottes Sohn — und mein Heiland."

Osterfragen

Ausschließlich für Jesusjünger

„Und die Frauen sprachen untereinander: Wer wälzt uns den Stein von des Grabes Tür?"
Markus 16, 3

Gewaltige Dinge erzählen uns die Osterberichte: Die Mauern des Totenreichs wanken, die Pforten des Himmels öffnen sich, und die himmlischen Boten gehen ab und zu; die Kriegsknechte werden ohnmächtig, die Gelehrten verwirrt und die Theologen bestürzt. Die Kinder Gottes aber werden hoch erfreut.

Wo so bestürzende Dinge geschehen, wird natürlich viel gefragt. So sind die Ostergeschichten voller Fragen. Diesen Fragen wollen wir nachdenken. —

Vor ein paar Wochen ging ich einmal durch die Straßen einer hübschen kleinen rheinischen Stadt. Da fiel mir ein großes Gebäude ins Auge, das sehr einladend zwischen einem Flüßlein und einem herrlichen Park lag. Aber als ich auf das Haus zuging, sah ich am Parktor ein Schild: „Halt! Nur für Offiziere der Besatzungstruppe!"

Da stand ich nun, arm und ausgeschlossen. Und an mir vorbei gingen zwei Offiziere stolz und ungehindert durch das Tor.

Ich fürchte, daß ich ein ähnliches Schild vor diesen Text und die Predigt hängen muß. Ich sage das Evangelium so gern solchen Leuten, die es noch gar nicht kennen. Doch das, was unser heutiger Text sagt, ist ausschließlich für Jesusjünger.

1. Der Weg, auf dem sie gehen

Durch die morgenstillen Gärten vor den Toren Jerusalems eilen drei Frauen. Vorsichtig tragen sie die Töpfe mit den wertvollen Salben. Sie wollen den Leichnam Jesu einbalsamieren.

Drei Frauen! Wo sind denn die Jünger?

Wenn der Petrus die drei Frauen jetzt sehen würde, dann würde er sicher den Kopf schütteln und sagen: „Das ist doch nun alles sinnlos geworden, seitdem der Herr am Kreuz gestorben ist. Welch ein Vertrauen habe ich zu ihm gehabt! Ich bin einmal aus dem Schiff gestiegen und ihm vertrauensvoll über das Wasser entgegengegangen. Und welch eine Liebe habe ich zu ihm gehabt! Ich hätte ihn im Garten Gethsemane allein herausgehauen, wenn er mich nicht daran gehindert hätte. Solch eine Liebe hatte ich zu ihm. Aber das ist doch jetzt alles aus. Endgültig aus! Das ist doch sinnlos, was die Frauen da machen!" Ja, so würde Petrus gesagt haben. Und so mußte jeder denken. Der Weg zum Grabe Jesu war s i n n l o s.

Außerdem war er g e f ä h r l i c h. Wer sich so offen zu einem Verurteilten bekennt, bringt sich selbst in Gefahr. Die Jünger hatten das bedacht und saßen hinter verschlossenen Türen „aus Furcht vor den Juden".

Da gehen also die zwei Marien und Salome mit ihren Salbentöpfen auf einem Weg, der sinnlos und gefährlich ist.

Warum tun sie das? Darum, weil sie Jesus nicht mit dem Verstand, sondern mit dem Herzen liebten.

Während sie dem Grabe Jesu immer näherkommen, geht es ihnen plötzlich auf, wie unüberlegt und fragwürdig ihr Weg ist: „Wer wälzt uns den Stein von des Grabes Tür?" Ich denke mir, daß sie einen Augenblick erschrocken stehen blieben. Und dann — dann kehren sie um? Ach nein! Sie gehen weiter zum Grabe. Die Frage bleibt einfach unbeantwortet stehen.

Kann man das begreifen? Es ist leicht, über diese Frauen zu spotten. Und doch — wie groß ist das: Sie lieben Jesus nicht so sehr mit dem Verstand als vielmehr mit dem Herzen.

In unserer Zeit ist ein sehr kühles, im besten Falle leicht temperiertes Christentum Mode geworden. Beschämen uns nicht diese drei Frauen mit dem heißen Herzschlag ihrer Liebe zu Jesus?

Diese Frauen hatten erschreckend wenig Erkenntnis. Sie wären in jeder Konfirmandenprüfung durchgefallen, wenn man sie nach der Bedeutung des Kreuzes gefragt hätte. Aber ihre Herzen brannten für Jesus. Und mir scheint, das ist das Größte. Ob der Herr nicht an diese Frauen dachte, als er später den Petrus fragte: „Hast du mich lieb?"

2. D e r   W u n s c h ,   d e r   s i e   b e s e e l t e

Wir wollen unseren Blick lenken auf die seltsamen Gefäße, welche die Frauen so vorsichtig halten. Es sind Schalen und Töpfe voll mit Salben und Spezereien zum Einbalsamieren des Leichnams.

Wo mögen die Frauen nur das Geld hergehabt haben für diese wertvollen Dinge? Sie waren doch alle drei sehr arm. Gewiß haben sie den letzten Pfennig drangerückt.

Und warum das? Sie wollten ihrer Liebe zu Jesus Ausdruck geben.

Aber das ist nicht so einfach. Plötzlich erhebt sich ein Hindernis: „Wer wälzt uns den Stein von des Grabes Tür?" Da lag ja die riesige Felsplatte vor dem Grab, die selbst diese drei rüstigen Frauen nicht bewegen konnten.

Ihr lieben Jüngerinnen! Ich kann recht gut mit euch fühlen. Denn mir ist es genauso ergangen. Als Jesus in mein Leben kam, da wurde er mir über alles wichtig und liebenswert. Und dann wollte ich ihm auch meine Liebe beweisen. Die wohlriechende Salbe, mit der ich ihn zu ehren dachte, sollten große und gute Werke sein, die ich für ihn verrichten wollte. Oh, wie sollte der Wohlgeruch meines heiligen und neuen Lebens ihn ehren! Mein Herz sehnt sich bis zu dieser Stunde danach, durch ein völlig neues, strahlendes, reines, gutes, liebevolles Leben zu beweisen, wie sehr ich Jesus liebe.

Aber es ist nicht viel daraus geworden. Es lag da auch ein schwerer Stein im Wege, den ich unter keinen Umständen aus eigener Kraft bewegen konnte. Und dieser Stein ist mein böses Herz.

Der Schade unseres Lebens ist sehr groß. Solange man vom Geist Gottes nicht erweckt ist, glaubt man in rührender Harmlosigkeit an den guten Kern im Menschen. Wenn man nun anfängt, als Erweckter das Wort Gottes zu studieren, dann liest man da wohl das Wort Jesu: „Aus dem Herzen kommen arge Gedanken: Mord, Ehebruch, Hurerei, Dieberei, falsch Zeugnis, Lästerung." Aber man nimmt's nicht so ernst und denkt: „Nun, so schlimm bin ich nicht."

Wenn man aber wirklich mit Jesus ernst macht und sich anschickt, ihn zu ehren mit den wohlriechenden Salben guter Werke, zeigt sich erst der tiefe Schade. Man schleppt dann wohl den einen oder anderen Salbentiegel herbei. Aber es bleibt doch dabei: „Wer wälzt denn den Stein von des Grabes Tür?" Oder — wie Paulus in Römer 7 fragt: „Wer wird mich erlösen vom Leibe dieses Todes?"

3. Die Erfahrung, die sie machen

Da gehen nun die drei Fauen. Ich denke: Nachdem diese Frage gestellt war: „Wer wälzt uns den Stein von des Grabes Tür?", hat keine mehr ein Wort gesagt. Mit dieser Frage eilen sie bedrängten Herzens weiter zum Grabe Jesu.

Nun sind sie angekommen. O Staunen! Hier ist alles ganz anders, als sie dachten. Da ist der Stein weg, das Grab ist leer. Und am Ende begegnet ihnen der Auferstandene selber. Nun sehen sie, geblendet, seine Herrlichkeit und Liebe. Und noch größer geht das alles ihnen auf, als sie weiter begreifen: Sein Kreuz ist auch Herrlichkeit und Liebe! Da hat er uns mit Gott versöhnt und erkauft und gewaschen mit seinem Blut!

Vergessen stehen die Salbentöpfe im Garten des Josef von Arimathia. Kein Wort verlieren die Frauen mehr darüber. Sie reden nicht länger von der Liebe, die s i e dem Herrn beweisen wollten, weil sie erfüllt sind von der Liebe, die er ihnen bewiesen hat.

Das ist Christen-Erfahrung: Vergessen sind die Salbentöpfe. Oh, sie waren so wertvoll! Gewiß, es ist viel Wertvolles getan worden von Christen! Wenn ich an all die Liebeswerke denke, wird mein Herz warm. Wenn ich mir vorstelle, daß meine jungen Mitarbeiter jeden Sonntag 2000 Jungen aufsuchen, staune ich über diese wertvolle Salbe. Und doch — daran denkt man nicht mehr, wenn man am Gewissen erfährt: Er starb für mich! Wenn einem aufgeht: Jesus ist erstanden vom Tode.

Was uns Christen froh macht, sind nicht unsere Taten, sondern seine Taten!

Was suchet ihr den Lebendigen bei den Toten?

„Da sprachen die zwei Männer mit den glänzenden Kleidern zu den Weibern: Was suchet ihr den Lebendigen bei den To-ten?"   Lukas 24, 5

Vor etwa 30 Jahren veröffentlichte der Engländer Guy Thorne ein Buch mit dem Titel „Als es dunkel war". In dem schildert er folgendes: Ein Forscher, der Ausgrabungen in Palästina macht, teilt der Welt mit: Ich habe das wahre Grab Jesu gefunden. Ich fand dort einen Leichnam und eine Inschrift: „Ich, Josef von Arimathia, stahl den Leichnam Jesu und verbarg ihn in diesem Grab." Die Sache wird später als Fälschung aufgedeckt. Aber inzwischen sind grauenvolle Wirkungen eingetreten: Die schon vorher in Fiebern glühende Menschheit wird förmlich wahnsinnig. Der Glaube an eine höhere Welt, der, wohl verborgen und oft geleugnet, in den Herzen der Menschen schlummert, verschwindet endgültig. Und damit verschwinden alle Hemmungen. Die Bestie erwacht. Alle Ordnungen lösen sich. Einer betrügt den anderen. Die Hölle wird Wirklichkeit auf der Erde; denn den Platz des hinausgeworfenen Heilandes kann niemand einnehmen. Nach ihm kommt nur noch das schauerliche Chaos. Die Menschheit versinkt in Grauen . . .

Nun, Gott sei Dank! das ist eine Fantasie-Darstellung. Fröhlich dürfen wir singen: „Christ ist erstanden . . ." Wir dürfen im Geist mit den drei Frauen zum Grabe Jesu gehen und es leer finden, weil er auferstanden ist. Wir treffen da auf Gottesboten, die es uns bestätigen. Heute soll uns nun die Frage beschäftigen, mit der die Engel jene drei Frauen empfingen.

1. Es liegt darin ein stilles Einverständnis

Stellt euch vor: Da ist eine geschlossene Versammlung von namhaften Wissenschaftlern. Auf einmal geht die Tür auf. Es erscheint ein Landstreicher und setzt sich dazu. Nun, den wird bald jemand fragen: „Was suchen Sie denn hier?"

So werden die Frauen in unserem Text nicht gefragt. Die Engel verstehen sich sofort mit ihnen: Wir wissen, daß ihr den Herrn sucht. Ihr sucht zwar an der falschen Stelle. Aber das ist richtig und schön, d a ß ihr ihn sucht. Wir wollen euch helfen, ihn zu finden.

Das ist wichtig! Wenn ein Mensch sich aufmacht, seinen Erlöser zu suchen und damit sein ewiges Heil, ist sofort der ganze Himmel auf seiner Seite. Dann geben der dreieinige Gott und alle himmlischen Heerscharen gleichsam Hilfestellung, daß er ja den Lebendigen findet.

Haben wir uns schon diesen Frauen angeschlossen? Ich fürchte, es sind viele unter uns, die ich fragen müßte: „Was suchen Sie eigentlich hier? Es ist Ihnen doch gar nicht um Ihrer Seelen Seligkeit zu tun!" Von einem bekannten Theologieprofessor aus dem vorigen Jahrhundert erzählt man eine hübsche Geschichte. Der hatte, wenn er predigte, eine sehr volle Kirche. Als ihn einst jemand daraufhin erhob, sagte er betrübt: „Überschätzen Sie das nicht! Ich habe dreierlei Leute: Studenten, Damen und Offiziere. Die Studenten kommen in meine Predigt, weil sie bei mir Examen machen. Die Damen kommen wegen der Studenten. Und die Offiziere wegen der Damen."

Was sucht ihr hier? Wie wäre das schön, wenn ihr ernsthaft den Herrn Jesus suchtet! Von dem Weisen Diogenes berichtet man, er sei am hellen Tage mit einer Laterne herumgelaufen. Und als man ihn fragte: „Was suchst du?", antwortete er: „Ich suche Menschen." Aber er fand nur Bestien. — Nun, die drei Frauen waren weiser. Sie suchten den Menschensohn, in dem all unsere Not zu Ende kommt. Es ist das Höchste, ihn zu finden.

Was sucht ihr? Der verlorene Sohn suchte das Glück und fand es nicht. Aber er fand etwas anderes: sich selbst. „Da kam er zu sich", heißt es. Das ist groß. Aber es ist nicht genug. Man muß den suchen, den die Frauen suchten, den, in dem sich Gott offenbart: Jesus.

2. Es ist darin ein Vorwurf

„Was sucht ihr den Lebendigen bei den Toten?" Aus dieser Frage hören wir vor allem den Vorwurf heraus. Aber ist der nicht ungerecht? Wo anders in aller Welt sollten denn diese armen Frauen ihn suchen als im Grab? Sie hatten ihn doch selbst mit da hineingebettet. Dürfen die Engel ihnen denn einen Vorwurf machen?

Ja, das dürfen sie! Sie reden nämlich vorwurfsvoll weiter: „Er ist auferstanden. Gedenket daran, wie er es euch sagte, als er noch in Galiläa war!"

Hier stoßen zwei Welten zusammen. Die Welt Gottes, wo man in den Gedankengängen Gottes lebt und denkt und wo die Auferstehung ganz folgerichtig ist. Auf der anderen Seite die Welt der Menschen, wo man die Gedanken Gottes nicht faßt, wo man in seinem eigenen Denken gebunden ist, wo man in der Finsternis lebt. Da ist einem die Auferstehung etwas Unerhörtes.

Gott sagt einmal selbst durch den Mund des Jesaja: „Meine Gedanken sind nicht eure Gedanken, und eure Wege sind nicht meine Wege. Denn so viel der Himmel höher ist denn die Erde, so sind auch meine Gedanken höher denn eure Gedanken."

Als ich zum erstenmal einen Schulgottesdienst halten sollte, habe ich mir gesagt: „Nimm einen Text, der die Primaner und Studienräte nicht so arg ärgert; einen, der ihnen einleuchtet." Dann habe ich die ganze Bibel abgesucht und keinen gefunden. Es ist alles wider unsere Vernunft. Gottes Gedanken sind immer höher als unsere Gedanken.

Ich will nur ein einziges Beispiel noch nennen: Ist es nicht unerhört, daß der Bankrott Jesu am Kreuz der größte Sieg sein soll? Und doch — die Kirche, die am schwersten das Kreuz trug, nämlich die verfolgte kleine Urchristenheit, hat das ganze römische Reich auseinandergesprengt. Die Kirche aber, die angesehen ist und sich immer eifriger der Welt anpaßt, die sprengt gar nichts mehr. Nicht einmal Menschenherzen!

Da stehen nun die armen Frauen am leeren Grab, müssen sich den Vorwurf gefallen lassen und erkennen, daß wir von Natur blind sind für Gottes Heil.

Das ist ja nun ein schwerer Satz. Und wir sollten ihn nicht so gemütlich anhören, sondern erschrecken. Gibt es denn das nicht, daß ein sterblicher Mensch hineingenommen wird in die Gedankenwelt Gottes? Daß er nicht mehr vernunftmäßig, sondern göttlich denken lernt? Ja, das gibt es! Nämlich dann, wenn der Heilige Geist uns erfüllt.

3. Es ist eine Wegweisung darin

Wer den Lebendigen sucht, darf ihn nicht bei den Toten suchen. Nun müßt ihr darauf achten: Nach dem Sprachgebrauch der Bibel gibt es nicht nur leiblich Tote, sondern auch geistlich Tote. Der Mensch, der sich noch nicht zum lebendigen Gott bekehrt hat, ist „tot in Werken der Vernunft und des Fleisches". Bei solch einem kann man nie den Erlöser finden, auch wenn Sie ein Doktor der Theologie wären.

Im vorigen Jahrhundert lebte ein junger Wahrheitssucher, Gottfried Daniel Krummacher. Es war die Zeit des Rationalismus, als die Kirche die Wahrheit um Weltweisheit verkauft hatte. Der junge Student lernte eifrig all die Weisheit auf der Universität. Aber Jesus kannte er nicht.

Dann kam er als Pfarrer nach Baerl am Niederrhein. Als er einst an der Schule vorbeikam, hörte er Gesang. Er ging hinein und fand drei Männer beieinander sitzen. Es waren ein Lehrer, ein Maurer und noch einer. Die drei lasen zusammen die Bibel.

Krummacher wurde herzlich begrüßt. Dann sprach man weiter über die Gnadenwirkungen des Heiligen Geistes. Der junge Pfarrer bekannte: „Solche sind mir unbekannt." Da stand der Maurer auf, legte dem Pfarrer die Hand auf die Schulter und sagte: „Was für ein köstliches Amt ist Ihnen übertragen. Sie dürfen Brautwerber für Jesus sein." Krummacher war aufs tiefste erschüttert und weinte wie ein Kind.

Hier fand er den Lebendigen. Und dann wurde er der gewaltige Erweckungsprediger im Wuppertal.

Ich bitte euch, sucht den Lebendigen nicht bei den geistlich Toten, sondern bei denen, die er lebendig gemacht hat!

Der Ausschnitt

> „Da antwortete einer mit Namen Kleophas und sprach zu ihm: Bist du allein unter den Fremdlingen zu Jerusalem, der nicht wisse, was in diesen Tagen drinnen geschehen ist?"
>
> Lukas 24, 18

Kürzlich blätterte ich in einer Kunstmappe mit Bildern von dem Maler Hans Memling, der im 15. Jahrhundert in Brügge lebte. Da fand ich ein gewaltiges Bild, dessen Original in Turin zu sehen ist: Die Passion Christi. Das großartige Bild enthält eine Fülle von Personen und Szenen. Auf einem der folgenden Kunstblätter fand ich dann einen vergrößerten Ausschnitt aus dem Gemälde. Da hat der Maler — sicher mit leichtem Schmunzeln — einen Mann gemalt, der mit einem Kind an der Hand seines Weges geht. Und nun springt ihn ein lustiger Köter von hinten an und reißt ihm ein Stück Stoff aus der Jacke. Eine sehr menschliche Szene mitten im großen Passionsgeschehen.

So ähnlich kommt mir unser Text vor. Es ist eine große Sache, die Geschichte von den beiden Emmaus-Jüngern.

Aus diesem großen Bild wollen wir einen Ausschnitt herausnehmen. Nämlich die Frage des Kleophas: „Bist du der einzige unter den Fremdlingen in Jerusalem, der nicht weiß, was in diesen Tagen in Jerusalem geschehen ist?"

1. Ein Mann ist verdrießlich

Da wandern also am Ostermorgen zwei Männer aus den Toren Jerusalems nach Emmaus. Sie haben Jesus nahegestanden. Darum hat sein Kreuzestod sie sehr erschüttert. Nun sind gerade, ehe sie losmarschierten, noch ein paar aufgeregte Frauen erschienen und haben erklärt: „Das Grab ist leer, und wir haben Engel gesehen . . ." Davon reden die beiden auf dem Wege. Sie sind bedrückt, weil sie mit all dem nicht fertig werden.

Und nun tritt der auferstandene Herr zu ihnen. Ihre Augen sind gehalten, daß sie ihn nicht erkennen. Freundlich fragt er sie: „Wovon redet ihr, und warum seid ihr so traurig?" Da aber bekommt er eine Antwort — ja, wenn ich so knurrig und unfreundlich abgefertigt worden wäre, dann wäre ich wieder weggegangen. „Bist du der einzige Fremdling, der nicht weiß, was los ist?" Die Ostergeschichten sind ja so voll Lieblichkeit. Und sie sind so gewaltig und großartig. Da fällt dieser kleine Ausschnitt richtig aus dem Rahmen: ein Mann mit schlechter Laune. Wie alltäglich ist das!

Als ich mir diesen kleinen Bildausschnitt vor die Augen hielt, hat er mich sehr getroffen. Gewiß, man kann den Kleophas entschuldigen: Er wurde mit den Problemen nicht fertig. Und darum sind auch wir oft schlechter Laune. Und doch! — Wir möchten über den verdrießlichen Mann lächeln und können es nicht; denn wir erkennen uns selbst in ihm. Oh, es sind hier selbstgerechte Leute, die sich keiner Sünde bewußt sind. Ist das nicht gerade deine Sünde — deine sauertöpfische Art, deine schlechte Laune? Ihr Männer, wie quält ihr damit eure Frauen! Ihr Frauen, wißt ihr, wie eure ganze Familie leiden kann unter euren Launen und Unfreundlichkeiten? Wie können Kinder ihre Eltern betrüben, weil sie immer nur so knurrige Kleophas-Antworten für sie haben. Ihr Beamten, warum seid ihr so kleophasmäßig an euren Schaltern? Ihr, die ihr Untergebene habt, erkennt ihr euch in diesem Manne nicht wieder?

Die Frucht des Heiligen Geistes ist Freundlichkeit, sagt die Bibel. Darum ist unfreundliches Wesen Sünde.

Der Herr Jesus war nicht beleidigt. Er ging nicht weg. Auch das ist wichtig. Wenn wir doch von unserem Heiland lernen wollten, das unwirsche Wesen der anderen mit Geduld zu ertragen! Wie gut, daß er Geduld hat. Was würde aus uns, wenn er nicht so geduldig wäre!

2. Ein Mann spricht etwas Großes aus

„Bist du der einzige Fremdling (einen Fremdling nennt Kleophas Jesus!), der nicht weiß, was in Jerusalem geschehen ist?" Ich sehe förmlich den Blick, mit dem der Kleophas den Heiland mustert. Und dieser Blick sagt: „Na, du scheinst mir ja ein außerordentlicher Außenseiter zu sein!"

Und damit sagt er etwas ganz Großes von Jesus aus. Jesus ist der gewaltige Außenseiter. Er gehört nicht in die Geschlechterfolge der sündigen Menschheit, sondern er ist Gott, von Gott geboren. Er stammt aus der anderen Welt. „Er kam in sein Eigentum, und die Seinen nahmen ihn nicht auf", sagt Gottes Wort. Oh, wie haben wir Menschen ihn zum Außenseiter gemacht! Da stand er neben dem Barrabas vor dem Volk.

Und Pilatus fragte: „Welchen wollt ihr?" Da schrie alles Volk: „Gib uns Barrabas los! Gewiß, er ist ein Mörder. Aber er gehört doch eher zu uns als dieser Jesus!" Und dann hat man ihn ausgestoßen und zwischen Himmel und Erde an das Kreuz gehängt, den Außenseiter! Aber nun bitte ich euch: Schaltet einen Augenblick völlig um. Ihr kennt die Geschichte vom Sündenfall. Da trieb Gott den Menschen aus dem Paradies. Wer wurde da Außenseiter? Wir Menschen! Von Gott und seiner Welt her gesehen sind w i r draußen, sind w i r die Außenseiter.

Wenn wir uns das klarmachen, dann geht uns auf, welch eine erschütternde Trennung zwischen Gott und uns Menschen entstanden ist: Wir empfinden mit Kleophas seinen Sohn als Außenseiter. Und für ihn stehen wir draußen. Welch eine Kluft!

Aber gerade um diese Kluft geht es dem Herrn. Darum wurde er Mensch: „Gottes Kind, / das verbindt / sich mit unserm Blute." Darum hing er am Kreuz und hat Himmel und Erde versöhnt. Darum ging er von dem knurrigen Herrn Kleophas nicht weg, sondern begleitete ihn und redete mit ihm, bis dem Kleophas und seinem Freund das Herz brannte.

So holt uns Jesus aus der schrecklichen Isolierung heraus. Wenn wir an ihn gläubig werden und wenn auch unser Herz entbrennt für ihn, dann ist Gott für uns nicht mehr „draußen", sondern mitten in unserem Alltagsleben. Und wir stehen für Gottes Augen nicht mehr draußen, sondern wir sind in unserem täglichen Leben mitten drin im Paradies, im Reiche Gottes.

3. Ein Mann irrt sich gewaltig

Ich kann mir das so gut vorstellen: Die beiden Männer, die da ins Gespräch vertieft sind, finden den Fremden, der ungefragt sich ihnen anschließt, reichlich aufdringlich. Und da bleibt der Kleophas einen Augenblick stehen — sieht den Fremdling (ein Fremdling war ja in Israel überhaupt nicht sehr angesehen) von oben herab an und fragt dann überheblich: „Gibt es denn so was? Bist du der einzige Fremdling, der nicht weiß, was in diesen Tagen in Jerusalem geschehen ist?"

Ach, Freunde! Das Ganze ist ja eigentlich ein ungeheurer Witz. Wenn unser Heiland nicht so freundlich wäre, dann würde er jetzt den aufgeblasenen Kleophas einfach ausgelacht haben: Er ist nämlich der einzige, der wirklich weiß, was in Jerusalem geschehen ist. Bis zu diesem Augenblick weiß er allein um die Bedeutung seines Kreuzestodes: daß hier Gott die Welt mit sich selber versöhnte; daß hier ein Born eröffnet wurde gegen alle Sünde und Unreinigkeit; daß hier eine Errettung für gebundene und geschlagene Gewissen geschaffen wurde. Das weiß er. Und er weiß um die glorreiche Auferstehung, die den beiden Jüngern genauso ein Problem ist wie den modernen Theologen.

„Bist du der einzige unter den Fremdlingen, der nicht weiß . . .?" Er ist der einzige, der Bescheid weiß um das Heil Gottes. Und nun läßt er es sich nicht verdrießen und unterrichtet die beiden. Welch ein Unterricht! „Und er fing an von Mose und allen Propheten und legte ihnen alle Schriften aus, die von ihm gesagt waren."

Wenn wir das Bild ansehen, dann möchten wir allen Klugen und Weisen und Überheblichen zurufen: Laßt euren Dünkel und lernt bescheiden vom Heiland das Geheimnis eurer Erlösung!

„Kindlein, habt ihr nichts zu essen?"

„Spricht Jesus zu ihnen: Kindlein, habt ihr nichts zu essen?"
Johannes 21, 5

In den Fragen, die in den Ostergeschichten gestellt werden, geht es meist um sehr große und göttliche Dinge. Unter all diesen Fragen gibt es eine einzige, die zweimal gestellt wird. Jeder denkt jetzt natürlich, dabei müsse es sich um eine besonders bedeutsame Frage handeln. Aber ihr werdet lachen. Es ist die ganz alltägliche Frage: „Habt ihr nichts zu essen?"
Allerdings wird diese Frage jedesmal in einem besonderen Zusammenhang gestellt. Wir wollen die Frage besprechen, wie wir sie im letzten Kapitel des Johannesevangeliums finden.

1. Der Herr kümmert sich um unsere handgreiflichen Nöte

Wir wollen uns die Geschichte vergegenwärtigen, um die es sich hier handelt. Da sind sieben Jünger. Sie haben die Auferstehung Jesu erlebt. Aber nun sind sie aufs tiefste bedrückt: Sie haben ja am Gründonnerstag und am Karfreitag so jämmerlich versagt. Sie sind überzeugt, daß der Herr sie nicht mehr brauchen kann. Und darum entbinden sie sich selbst von der Nachfolge Jesu und kehren zu ihrem alten Fischerberuf zurück.
An einem strahlenden Morgen fahren sie nach einer vergeblichen Nachtschicht zurück. Es ist eine schwere Arbeit, die gewaltigen Netze auszuwerfen und einzuziehen. Viele Nachtstunden haben sie sich gemüht, und nicht ein einziges Fischlein ist ihnen ins Netz gegangen.
Diese Fischer waren arme Leute. Sie pflegten ihren Fang zu verkaufen, und davon lebten sie und ihre Familien einen Tag lang. Zuvor aber pflegten sie zu frühstücken, indem sie ein paar von den eben gefangenen Fischen auf offenem Feuer brieten.
Wie bedrückt waren nun die sieben Jünger! Nach der schweren Nachtarbeit kein Verdienst! Ja, nicht einmal ein Frühstück!
Als sie sich dem Ufer nähern, steht dort der auferstandene Herr. Wie oft hat dieser Herr mit ihnen von den Geheimnissen des Himmelreichs geredet! Dinge hat er ihnen offenbart, wie sie kein Mensch zuvor erfahren hat.
Aber in dieser Stunde sagt der Herr kein Wort von den großen Himmelreichsdingen. Er ruft ihnen zu: „Kindlein, habt ihr nichts zu essen?"

Das ist sehr tröstlich. Wir sind so leicht geneigt, den Herrn nur für die großen Dinge in Anspruch zu nehmen. Wir haben begriffen, daß wir diesen Heiland brauchen, wenn wir selig werden wollen. Wir haben geglaubt, daß er der König des Reiches Gottes ist. Aber nun dürfen wir es auch fassen, daß er der Heiland ist, der sich um unsere handgreiflichen Sorgen und Nöte kümmern will. In den Psalmen heißt es einmal: „Schüttet euer Herz vor ihm aus!" Oh, unsere Herzen sind ja gefüllt mit Alltagsnöten und Sorgen!

Vor kurzem war ich mit einer kleinen Mannschaft bei einer Evangelisation. Morgens setzten wir uns zusammen um den Epheserbrief. Es war unbeschreiblich herrlich, wie sich uns der Reichtum Gottes auftat, der uns in Jesus geschenkt ist: ewige Erwählung, Kindschaft, Vergebung der Sünden, zukünftige Welt. Nach solch einer herrlichen Stunde seufzte ein junger Kaufmann: „Welch Schreckensnachrichten werden mich am Montag in meinem Geschäft erwarten?" Da tröstete ihn ein anderer: „Am Montag ist Jesus auch noch da!"

2. Der Herr berührt den wunden Punkt

„Kindlein, habt ihr nichts zu essen?" fragt der Herr Jesus. Darin klingt nicht nur die mittragende Barmherzigkeit. Ich höre daneben noch einen sehr ernsten, geradezu richtenden Klang. Es ist, als wenn Jesus den Jüngern sagen wollte: „Seht ihr! Ihr seid ungesegnete Leute. Ich hatte euch von den Fischerbooten weg in meine Nachfolge gerufen. Nun habt ihr euch von meinem Weg entfernt. Aber jetzt ist kein Segen mehr mit euch." –- Einige Wochen vorher hatte der Herr dieselben Jünger gefragt: „Habt ihr je Mangel gehabt?" Freudig hatten sie ihm geantwortet: „Niemals!" Aber jetzt haben sie Mangel. Das macht der Herr ihnen noch recht deutlich. Oh, ich bin überzeugt, daß die Jünger in dem Augenblick begriffen, daß sie jetzt Mangel hatten, weil sie eigene Wege gingen; daß sie in diesem Augenblick Leute ohne Segen waren.

Im Alten Testament wird uns eine eindrückliche Geschichte erzählt. Der Herr hatte den Abraham aus seinem Vaterlande gerufen und ihn in das Land Kanaan geführt. Und dabei hatte er die Verheißung gegeben: „Ich will dich segnen. Und du sollst ein Segen sein." Aber nun kam eines Tages eine Hungersnot in das Land Kanaan. Da verlor der Abraham die Glaubensrichtung. Er wollte sich selber helfen und zog nach Ägypten. Das müßt ihr einmal selber nachlesen, wie ihm dort alles schiefging; wie er dort in die größten Nöte geriet. Nein, da war er nicht gesegnet. Und er war auch kein Segen für die Umgebung. Erst als er umgekehrt war in die Bahnen Gottes, kam er wieder unter die segnenden Hände seines Herrn.

Die Führung der Kinder Gottes ist ein großes Geheimnis. Es ist sehr wichtig, daß Kinder Gottes unter der Führung ihres Herrn bleiben. Nur so kann er sie segnen.

Wir wollen aber auch darauf achten, wie treu der Herr ist, daß er einen Abraham und die sieben Jünger und auch uns immer wieder zurückruft von den falschen Wegen. Er läßt uns keine Ruhe im Gewissen, wenn es in unserem Leben nicht stimmt. Christen sind Leute, die an ihrem Gewissen kein Fett ansetzen können.

3. Die Jünger sind ein Bild der Welt

Stellen wir uns noch einmal unsere Textgeschichten vor Augen: Wir sehen Schiffe, Netze, starke Männer bei schwerster Arbeit . . . Aber nichts zu essen! Welch ein Bild dieser Welt! Wie ist die Welt voll Mühe, rastloser Betriebsamkeit, Arbeit, Schaffen — aber all das gibt kein bißchen Speise für die Seele. Ein riesiges Kulturprogramm wird in den zivilisierten Ländern entfaltet. Kürzlich las ich irgendwo, daß in Amerika ein Film gedreht wird, der 10 Millionen Dollar kosten soll. Die Menschen werden sich diesen Film ansehen — aber es wird keine Nahrung für ihre Seele dabeisein. Es gilt von all den menschlichen Bemühungen: „Sie essen und sind doch nicht satt, / sie trinken, und das Herz bleibt matt . . ."

Und nun steht der Sohn Gottes an den Ufern dieser Welt. Ihn jammert, wenn er die Menschen mit ihren hungrigen Seelen sieht. Er fragt nicht nur die sieben Jünger, sondern die ganze Welt: „Kindlein, habt ihr nichts zu essen?" Und wenn die Welt ihn hörte, dann müßte sie aufschreien: „Nein, Herr, wir haben nichts zu essen! In aller Arbeit und in all unseren Vergnügungen verhungern und verdursten unsere Seelen!"

Und da ruft der Sohn Gottes ihnen zu: „Ich bin das Brot des Lebens." Hört es doch: Brot des Lebens! „Wer ihn hat, / ist still und satt. / Wer ihm kann im Geist anhangen, / wird nichts mehr verlangen."

„Hast du mich lieb?"

„Simon Jona, hast du mich lieb?"   Johannes 21, 16

„Hast du mich lieb?" Ich glaube, das ist eine der am meisten gestellten Fragen. Namentlich im Frühling. „Hast du mich lieb?" fragt der beglückte junge Mann seine Braut zum zwanzigstenmal. Und mit leiser Angst fragt die alternde Frau dasselbe ihren Mann. Wohl der Ehe, wo der Mann hier ein herzhaftes Ja antwortet! Manch schuldvolle Tragödie hat mit dieser Frage begonnen: „Hast du mich lieb?" Jedenfalls — in dieses Gebiet gehört die Frage. Und es ist doch etwas befremdlich, daß sie hier ins Evangelium geraten ist. Kennt ihr die Geschichte? Sieben Jünger Jesu waren nach seiner Auferstehung zu ihrem Fischerberuf zurückgekehrt. Am See Genezareth hat der Auferstandene sie aufgesucht. Sie haben in beglückender Gemeinschaft zusammen gefrühstückt. Und dann — ja, dann stellt auf einmal der Herr dem Petrus diese Frage: „Hast du mich lieb?"
Wenn ich ein Feind des Evangeliums wäre, würde ich hier spotten: Da stöhnt die unerlöste Welt in tausend Schmerzen. Ich sehe im Geist blutige Schlachtfelder, zertretenes Menschentum, zerstörte Ehen, weinende Kinder, Menschen in Sklaverei. Und da sitzt der göttliche Welterlöser im Morgensonnenschein und fragt einen bärtigen Mann, ob er ihn lieb habe. Ist das nicht albern?
Nun weiß ich aber: Das Evangelium ist nicht albern. Und der Sohn Gottes ist kein tändelnder Narr, sondern wirklich der Erlöser. Darum lohnt es sich, die Frage ernsthaft zu untersuchen.

1. Diese Frage ist die Quelle großer Dinge geworden

Um das nachzuweisen, will ich jetzt einfach in den großen Strom der Kirchengeschichte hineingreifen und euch vor die Augen stellen, was ich gerade fische:
„Hast du mich lieb?" fragte Jesus den Petrus. Der antwortete: „Herr, du weißt alle Dinge. Du weißt, daß ich dich lieb habe ..." Darauf bekam er von Jesus den Auftrag: „Dann weide meine Schafe." Von der Stunde an standen Petrus und seine Freunde Jesus zur Verfügung, trugen das Evangelium in die Welt. Und als sie den Märtyrertod gestorben waren, war die Welt erfüllt von der Heilsbotschaft.
„Hast du mich lieb?" fragte Jesus den jungen Adolf Klarenbach. „Ja!" antwortete der. „Dann sei bereit, für mich zu sterben!" So wurde

Klarenbach 1529 in Köln verbrannt. Aber sterbend bereitete er dem Evangelium den Weg im Rheinland.

„Hast du mich lieb?" fragte Jesus den Henri Dunant. „Dann kannst du doch nicht mitansehen, wie Tausende auf den Schlachtfeldern verbluten!" „O Herr", sagte Dunant, „kann ich die Narren hindern, sich zu morden?" „Nein!" sagte der Herr. „Aber du kannst die Wunden verbinden." So wurde Dunant der Gründer des Roten Kreuzes. Er wurde verfolgt, eingesperrt, verleumdet. Aber als er starb, wehte auf den Schlachtfeldern die Fahne der Barmherzigkeit.

„Hast du mich lieb?" fragte Jesus den Pfarrer von Bodelschwingh. „Dann nimm dich der ganz Elenden an. Dann sorge für die, von denen man sagt, ihr Leben sei nicht lebenswert." So entstand Bethel, die Stadt des Erbarmens.

„Habt ihr mich lieb"? fragte Jesus junge Männer und Frauen. „Ja!" antworteten sie ihm. Und dann gingen sie in das fremdenfeindliche China, in die Fiebergegenden Neu-Guineas, in die Steppen Afrikas. Das weltweite Werk der Mission entstand aus dieser Frage.

„Hast du mich lieb?" fragte Jesus ein junges Mädchen. Und sie wurde Diakonisse. „Hast du mich lieb?" fragte er den großen Gelehrten Albert Schweitzer. Und als der „Ja!" antwortete, sandte er ihn in die Urwälder am Kongo.

Versteht ihr: Es mag wunderlich scheinen, daß der Welterlöser diese Frage stellt. Aber gerade sie wurde zur Quelle für einen Strom, der die ganze Welt befruchtet.

2. Die Frage ergeht an uns

Wenn der Gottesdienst heute morgen richtig laufen soll, dann muß ich jetzt gleichsam abtreten. Und der auferstandene Herr übernimmt selbst den zweiten Teil meiner Predigt.

Dann steht er jetzt vor uns und sieht jedem von uns in die Augen und fragt: „Hast du mich lieb?"

Ich bin überzeugt, daß es vielen unter uns unbehaglich wird, wenn der Herr selber so uns fragt. Ich kann mir denken, daß jetzt unter uns folgende Gespräche losgehen: „Ob ich dich lieb habe, Herr? Nun, ich bin doch wirklich christlich und halte mich zur Kirche." — „Das ist schön", antwortet Jesus. „Aber jetzt hätte ich gern gewußt, ob dein Herz mich liebt."

Ein Junge sagt: „Ob ich dich lieb habe, Herr? Ich weiß es nicht recht. Ich liebe meinen evangelischen Jugendkreis. Ich bin mit Begeisterung

dabei. Und für meinen Leiter gehe ich durchs Feuer." „Das ist schön",
sagt der Herr Jesus. „Aber nun weiß ich immer noch nicht, ob du mich
lieb hast. Oder vielmehr — weil ich alle Dinge weiß, so weiß ich: Mich
hast du gar nicht lieb!"

Da ist ein erfahrener Christ. Der sagt: „Ob ich dich lieb habe, Herr?
Sieh, ich habe mich lange in meinem Gewissen gequält. Ich merkte,
daß zwischen Gott und mir von meinen Sünden die Rede ist. Und
jetzt habe ich geglaubt und erkannt, daß dein Kreuz die Versöhnung
für meine Sünden ist. Ich setze all mein Vertrauen auf dein Blut, das
für mich vergossen wurde, und damit will ich selig werden." Was wird
Jesus antworten? „Ich fragte, ob du mich lieb hast. Und du hast mir
nicht geantwortet. Ich fürchte, dein Glaube ist ein totes Wissen.
Liebe ist sehr lebendig."

Und da ist ein junges Menschenkind und sagt: „Herr, ich habe so
viel Fragen: Darf ein Christ tanzen? Darf er ins Kino gehen? Darf
er sich mal betrinken? Darf er eine Notlüge gebrauchen? Darf er . . ."
Und Jesus antwortet: „Nun fragst du mich eine Menge. Und i c h
hatte dich doch gefragt, ob du mich lieb hast. Vor lauter eigenen Fragen kommst du nicht dazu, meine Frage zu beantworten. Wenn du
mich lieb hättest, hättest du keine Fragen mehr. Ich könnte dich mit
meinen Augen leiten."

„Hast du mich lieb?" fragt Jesus uns. Laßt uns doch der Frage nicht
ausweichen! Dabei muß ich auf folgendes aufmerksam machen: Jesus
hat dem Petrus diese Frage nicht gestellt sonntagsmorgens im Gottesdienst. Er hat sie ihm gestellt neben seinen Netzen und Schiffen —
also mitten im Alltag. Daß ich so sage: Morgen früh in deinem Büro,
in der Schule, in der Waschküche, in der Fabrik fragt er: „Hast du
mich lieb?" Ja, da geht uns erst richtig auf:

3. Es ist so schwer, auf diese Frage zu antworten

Wenn ich der Petrus gewesen wäre, hätte ich vielleicht geantwortet:
„Herr, du fragst, weil du von mir enttäuscht bist. Aber — offen gestanden — ich bin auch von dir enttäuscht. Statt etwas ganz Großes
zu tun, hast du dich still wie ein Lamm kreuzigen lassen. Ist das dein
Weg?" Es fällt uns oft schwer, den Herrn zu lieben, weil er uns unseren Willen nicht tut, weil er uns gewissermaßen enttäuscht.

„Hast du mich lieb?" Wie schwer ist die Frage zu beantworten! Als
der Herr mir in der vergangenen Woche diese Frage sehr dringend
vorlegte, habe ich ihm geantwortet: „Nun merke ich erst, daß Chri-

stenstand ein brennendes Herz bedeutet. Mein Herz aber ist so tot und kalt und ausgebrannt und müde. Was soll ich tun?"

Ja, was sollen wir tun?

Die Antwort gibt uns eine kleine Geschichte: Im vorigen Jahrhundert lebte in Wuppertal ein Lederhändler Peter Diederichs. Der war ein rechter Seelsorger. Zu dem kam einmal ein junger Mann und sagte: „Wenn Jesus mich fragt: ‚Hast du mich lieb?', kann ich ihm nicht antworten. Mein Herz ist so kalt."

Da antwortete Diederichs: „Freund, dann drehe doch die Frage herum! Frage du deinen Heiland: Hast du mich lieb?"

Einen Augenblick lang war es still. Dann fing das Gesicht des jungen Mannes an zu leuchten. Ihm ging nun die Liebe auf, die Jesus zu uns hat. Und daran entzündete sich sein Herz.

„Gott fährt auf mit Jauchzen"

Das Jauchzen Christi

Als ich vor 30 Jahren meine Arbeit in Essen begann, hatte ich viel Feindschaft zu bestehen von den Feinden Christi. In ihrem Haß warfen sie mir einmal ein Kruzifix vor die Füße in den Schmutz. Als ich dies Bild des leidenden Heilandes da liegen sah, wurde ich traurig über diese Erniedrigung meines geliebten Herrn.

Aber seither habe ich gelernt, daß er noch schlimmere Schmähung erdulden muß — durch mich und durch uns Christen. Wie wenig machen wir dem Erlöser Ehre! Und darum freue ich mich so an der Himmelfahrtsgeschichte. Wie ist doch dieser Herr, der aufgefahren ist und sich zur Rechten des Vaters gesetzt hat, erhaben über alle Schmähungen!

Mein Herz wird immer wieder froh an den Himmelfahrtsberichten im Neuen und Alten Testament. Ja, auch im Alten Testament ist von der Himmelfahrt die Rede. So in unserm Text: „Gott fährt auf mit Jauchzen."

Man kann das Wort „mit Jauchzen" so verstehen, daß die h i m m l i s c h e n H e e r s c h a r e n dem Sieger entgegenjauchzen, als er den Thron bestieg. Aber der Text gibt uns das Recht zu glauben, daß der H e r r s e l b e r jauchzte. Wie mag dieser göttliche Triumphschrei die himmlischen Räume erfüllt haben!

1. E r d a r f n u n d e m Z u g d e s H e r z e n s n a c h g e b e n

Versteht bitte das herrliche Jauchzen Jesu nicht falsch. Wenn eine politische Gruppe an die Macht kommt, jauchzt sie auch. Das ist menschlich, daß man sich freut über Macht und Aufstieg. Und Jesus kann nun sagen: „Mir ist gegeben alle Gewalt im Himmel und auf Erden." Da könnte man dies Jauchzen wie einen Machtrausch verstehen. Aber — so fleischlich dürft ihr euch den Heiland nicht denken. Sein Jauchzen hat einen tieferen Grund. Er hat einmal gesagt: „Ich und der Vater sind eins." Was muß es da für eine Zerreißung bedeutet haben, als er aus Gott ging in die Sünderwelt! Und welch eine Zerreißung war es erst, als er für uns am Kreuz das Gericht Gottes trug und wirklich Gott-verlassen war!

Als der Sohn und der Vater getrennt waren, erging es ihnen wie einer stark angespannten Gummischnur. Bei der ist es ja so, als wenn jedes Stücklein der toten Materie nach der Entspannung und Befreiung schreit. Welch eine Entspannung, welch eine Befreiung bedeutete es nun erst, als der Sohn Gottes mit dem Vater wieder ganz vereint wurde! So verstehe ich das wunderbare Jauchzen des Herrn.

Aber diese Entspannung ist nicht völlig. Denn der Herr Jesus hat sich ganz eng verbunden mit denen, die er am Kreuz erkauft hat. Die hängen an ihm. Und nun muß er sie ja mitziehen.

Darum geht ein Zerren und Reißen durch die Welt: Jesus zieht die Seinen nach sich — mit großer Gewalt. Sünder spüren dies Ziehen an ihren Herzen und Gewissen. Ich war einmal dabei, wie in einer schwäbischen Gemeinschaftsstunde ein Bauer davon erzählte, welch ein mächtiges Ziehen zu Jesus ihn aus einem Sündenleben herausgezerrt hätte und wie ihn das nun zum Himmel ziehe. Dann wandte er sich an seinen Nachbarn: „Gelt, Jaköble, du hoscht au de Zug g'spürt?" Und der nickte ernst: „Jo, i han ihn au g'spürt. Und i bin em g'folgt." Es sind nicht alle unter uns wiedergeboren. Aber ich denke mir: Den Zug habt ihr schon gespürt.

2. Er hat sein Werk vollendet

Wir haben noch einen anderen alttestamentlichen Bericht über Jesu Himmelfahrt in Psalm 68: „Du bist in die Höhe gefahren und hast das Gefängnis gefangen." Da ist das herrliche Erlösungswerk mit einem Satz ausgesprochen. Es gibt ein wundervolles Bild von Albrecht Dürer: „Christus in der Vorhölle." Darauf sieht man die Menschen, die vor Jesus gestorben sind, in einem schrecklichen Gefängnis, bewacht von schauerlichen Dämonen und Teufeln. Aber Jesus hat die Tür aufgesprengt. Und nun drängen sich die Gefangenen ihm entgegen, ihm, der in die Freiheit führt.

Nun, nicht nur die Toten, sondern auch die Lebenden sah Gott in solchem Gefängnis. Darum sandte er den Sohn. Und als der gen Himmel fuhr, da hatte er „das Gefängnis gefangen geführt". Jesu Kommen in die Welt, sein Sterben und Auferstehen ist die allergrößte Befreiung. Dies Werk hat er völlig ausgeführt. Darum jauchzt er.

Wir würden andere Leute sein, wenn wir das verstünden; denn wir leben ja fast alle noch in der Gefangenschaft. Wieviel Sündengebundenheit macht uns seufzen! Wieviel Sorge hält uns gefesselt! Es sieht aus, als wenn der Teufel noch ein Recht an uns hätte.

Im Jahre 1937 machte ich ein Pfingstlager für die Essener Jungen in Xanten. Als das Lager beginnen sollte, fehlten etwa 100 Jungen. Ich erfuhr, die seien von der „Hitlerjugend" verhaftet worden. Mit zwei Freunden machte ich mich in der Nacht auf. Wir fanden die Jungen in einem Keller eingeschlossen und verjagten die HJ-Leute. Als die Jungen herauskamen, sagte ich ihnen: „Warum ließt ihr euch denn festhalten? Diese Burschen hatten kein Recht, euch einzusperren."

Und so sagt nun das Jauchzen Jesu Christi auch uns, die wir gefesselt sind: „Warum laßt ihr euch von Welt und Teufel imponieren? Ich habe das Gefängnis längst gefangen geführt. Heraus mit euch in die herrliche Freiheit der Kinder Gottes! Ich habe mein Werk vollbracht, und das schenkt euch völliges Heil."

3. Er darf Gaben austeilen

Zu den schönsten Augenblicken in meinem Leben hat es immer gehört, wenn ich von einer Reise zurückkam und meinen Kindern etwas mitbringen konnte. Es ist köstlich, wenn man wie ein Weihnachtsmann austeilen kann.

Ich bin überzeugt: Das Jauchzen Jesu füllte die himmlischen Räume, weil er nun der große Schenker geworden ist. In der Himmelfahrtsstelle von Psalm 68 heißt es nämlich: „Du bist in die Höhe gefahren und hast Gaben empfangen für die Menschen, auch für die Abtrünnigen."

Das ist der Erfolg seines Sterbens und Auferstehens, daß er nun Gaben austeilen kann.

Der Apostel Paulus hat diese Psalmstelle im Epheserbrief ausgelegt und gesagt, daß es sich hier vor allem um Gaben für die Gemeinde handelt: „Er hat etliche gesetzt zu Aposteln, etliche zu Propheten, etliche zu Evangelisten, etliche zu Hirten und Lehrern, daß die Heiligen zugerichtet werden zum Werk des Amts, dadurch der Leib Christi erbaut werde." Jeder, der an den Herrn gläubig geworden ist, darf sicher wissen, daß der Herr ihm ganz spezielle Gaben gibt zum Dienst für den Herrn. Bitte, prüft euch doch, mit welcher Gabe jeder beschenkt ist.

Aber nicht nur die Gemeinde wird von Jesus beschenkt. Dies Wort ist doch herrlich: „... auch für die Abtrünnigen." Wie tröstlich ist das! Ist hier eine Seele, die sich heimlich gestehen muß, daß sie vom Herrn abtrünnig wurde? Die soll wissen, daß Jesus, der reiche Herr, sie reich beschenken will — mit Vergebung der Sünden, mit neuer Liebe und Kraft, mit Heiligem Geist, mit Frieden aus der Höhe.

Jesus jauchzt noch heute, wenn er ein Herz reich machen kann mit seinen himmlischen Gaben. Soll er nicht auch über uns jauchzen?

Hinter dem Vorhang

„Der Herr sprach zu meinem Herrn: ‚Setze dich zu meiner
Rechten, bis ich deine Feinde zum Schemel deiner Füße lege.'"
Psalm 110, 1

Das Evangelium hat zwei sehr gegensätzliche Seiten.

Da sehen wir einerseits eine Glorialinie: einen Herrn, der Wunder
und Zeichen tut; Jünger voll Freude und Frieden, die sich einer großen
Hoffnung rühmen.

Auf der anderen Seite sehen wir eine Sterbenslinie: einen Heiland,
der verachtet am Kreuz hängt; Jünger, die es unter tausend Nöten
üben, ihm das Kreuz nachzutragen, mit Christus gekreuzigt zu sein
und seine Schmach auf sich zu nehmen.

Daß die Sterbenslinie in dem Leben der Kinder Gottes nicht zu kurz
komme, dafür sorgt der Herr gewaltig. Darum sind sie um so froher,
wenn sie auch einmal auf der Gloriaseite stehen dürfen. Und das
geschieht am Tage der Himmelfahrt.

Es ist ein seltsamer Tag: Der Hölle bedeutet er Schrecken, wenn sie
den Sieg Jesu sieht. Den Zeitgenossen ist die Himmelfahrt ein Problem, das sie im Grunde nicht sehr interessiert. Den Kindern Gottes
aber ist dieser Tag ein Triumph- und Freudentag: Da hat ihr Herr
den Thron bestiegen!

Wir haben sicher alle schon oft im Geist die Jünger gesehen, wie sie
dort auf dem Ölberg auf die geheimnisvolle Wolke starren, die den
Heiland vor ihren Augen weggenommen hat. Es ist, als sei er hinter
den Vorhang gegangen, der die sichtbare Welt von der unsichtbaren
trennt.

Unser heutiger Text nun ist besonders wichtig. Denn er läßt uns einen
Blick h i n t e r diesen Vorhang tun.

1. Was der Vater zum Sohn sagt

Wenn zwei Staatsmänner miteinander konferieren, dann lauern die
Reporter vor den Türen, um etwas von diesem Gespräch mitzubekom-
men. Ich wundere mich darüber, daß nicht alle Welt viel mehr darauf
aus ist, etwas zu hören von dem Gespräch, das der himmlische Vater
mit seinem Sohne am Himmelfahrtstag führte. Ach, die Welt weiß
ja nicht, was wirklich wichtig ist.

Da sagt der Vater zum Sohne: „Setze dich zu meiner Rechten, bis
ich deine Feinde lege zum Schemel deiner Füße!" Und dann bricht

für unsere Ohren das Gespräch ab. Für unsere Ohren! Aber sicher geht es weiter! Wie denn wohl? Können wir darüber etwas wissen? O ja! Darüber sagt uns der Römerbrief etwas. Da lesen wir: „Jesus Christus ist zur Rechten Gottes und vertritt uns." Das heißt ja — der Sohn spricht mit dem Vater von dir und mir. Ist das nicht eine unerhörte Sache, daß in der himmlischen Welt der Vater und der Sohn miteinander von uns reden?

Darauf weist auch dies hin, daß ja alles bisherige Reden des Vaters mit dem Sohn in dieser Richtung lief. Ehe der Sohn in die Welt kam, sagte der Vater zu ihm: „Geh hin, mein Kind, und nimm dich an / der Kinder, die ich ausgetan / zu Straf' und Zornesruten ..." Da ging es um uns.

Und als der Sohn am Kreuz hing, schwieg der Vater schrecklich. Als Jesus rief: „Mein Gott, warum hast du mich verlassen?" — da ging es auch um uns. Da bezahlte der Sohn für unsere Schuld und trug unser Gericht. So dürfen wir ja nun wohl glauben, daß das Gespräch zwischen Vater und Sohn auch weiter unsere Rettung behandelt.

Wie sind wir wertgeachtet, wir Verlorenen!

2. Wie der Vater den Sohn ehrt

Es ist seltsam. In 1. Korinther 15 heißt es: „Wenn aber alles dem Sohne untertan sein wird, dann wird auch der Sohn selbst untertan sein dem, der ihm alles untergetan hat, auf daß Gott sei alles in allen." Nicht wahr, da wird deutlich, daß der Vater im Mittelpunkt steht.

Stellt euch doch den himmlichen Thronsaal vor, wie ihn die Offenbarung schildert: Der große Thron, um ihn her die vier Lebewesen und die 24 Ältesten und vieltausendmal tausend der himmlischen Heerscharen. Und in der Mitte — auf dem Thron — der Vater aller Dinge.

Nun empfängt der Vater den Sohn, den Gekreuzigten und von Menschen Verworfenen. Und er sagt: „Setze dich zu meiner Rechten!"

Jeder kleine Junge weiß, daß der zu Ehrende immer auf der rechten Seite sitzt. So stellt ja der Vater den Sohn hier gleichsam über sich. So ehrt er ihn. Da wird offenbar: „Der Stein, den die Bauleute verworfen haben, ist zum Eckstein geworden."

Seht es recht genau, wie der Vater den Sohn ehrt, ihr Leute, die ihr durch eine Allerweltsreligion selig werden wollt und sagt: „Wir glauben an den Herrgott. Aber was soll uns Jesus?"

Hört es, ihr Selbstgerechten, die ihr ohne diesen Sünderheiland fertig werden wollt!

Hört es aber auch, ihr Jünger Jesu! Und freut euch, daß der, den eure Seele liebt, so hoch erhöht worden ist! Wenn der Vater den Sohn so ehrt, sollten wir nicht erst recht dem Herrn Jesus die Ehre geben? Kürzlich sagte mir ein Mann: „Ich brauche Jesus nicht. Ich tue recht und scheue niemand." Da erwiderte ich ihm: „Sie tun eine ganz schreckliche Sünde: Sie verweigern die Ehre dem Herrn Jesus, den der Vater aller Dinge ehrt und geehrt wissen will. Das ist die schlimmste Sünde."

Laßt uns mit allen Heiligen vor ihm niederfallen und singen: „Sollt ich nicht zu Fuß dir fallen / und mein Herz vor Freude wallen, / wenn mein Glaubensaug' betracht't / deine Glorie, deine Macht!"

3. Was der Vater dem Sohn verspricht

„... bis ich lege deine Feinde zum Schemel deiner Füße." Da ist kurz und bündig gesagt, daß alle Feinde Jesu keine Chance haben. Ihr Arm wird zerbrochen, und was sie gebaut haben, vergeht.

Aber laßt uns dies Wort noch tiefer verstehen. Ich hörte vor kurzem in einer schwäbischen Gemeinschaftsstunde ein so schönes Wort von einem alten Bauern: „Als der Saulus (der spätere Apostel Paulus) die Gemeinde Gottes verfolgte, da haben die Christen sicher gebetet: Herr, belange ihn gerichtlich! — Und was tat der barmherzige Gott? Er belangte ihn — gnädiglich. Er überwand ihn durch seine Gnade und Vergebung."

Ja, so macht er es auch heute noch. Gottes Gnade in Jesus ist die Macht, mit der Herzen überwunden und zum Schemel der Füße Jesu gebracht werden.

Und noch eins: „... bis ich lege deine Feinde ..." Diese Feinde sind ja nicht nur die Gotteslästerer und Ungläubigen. Die schlimmsten Feinde Jesu sind mein Fleisch und Blut und meine Vernunft. Die wehren sich beständig gegen Jesu Herrschaft in meinem Leben.

Auch mit denen will der starke Gott fertig werden! Dies ist eine ganz große Verheißung für alle, die an sich selber verzweifeln möchten. Aber — das ist uns wohl klar: Das geht nicht anders als durch ein großes Zerbrechen, ja, durch ein Sterben. Es geht so, daß wir mit Jesus gekreuzigt werden und uns selbst absterben, daß er allein in uns regiere.

Und seht, da kommen nun die Sterbenslinie und die Glorialinie des Evangeliums zusammen. Je tapferer, ehrlicher und vollkommener wir mit Jesus uns selbst sterben, desto glorreicher wird sein Königreich in uns aufgerichtet. Aber das versteht man nur, wenn man es übt.

„Der Geist der Gnaden hat sich eingeladen"

Gott wirbt um uns durch den Heiligen Geist

„Da ging's ihnen durchs Herz . . ."   Apostelgeschichte 2, 37

Als junger Hilfsprediger lebte ich in einem ländlichen Vorort von Bielefeld. Da zogen am Tag vor Pfingsten die jungen Burschen los und holten junge Birkenbäume und Zweige. Damit wurden die Kirche und der Platz vor der Kirche geschmückt. Das kann ich nicht beschreiben, welch eine Festfreude darüber lag. „Schmückt das Fest mit Maien, / lasset Blumen streuen, / zündet Opfer an . . ."
Es ist ja auch so groß, was uns an Pfingsten verkündigt wird. Seht, der König Salomo hat einmal resigniert gesagt: „Es geschieht nichts Neues unter der Sonne." Und es will auch uns so scheinen. Es ist immer dasselbe in dieser traurigen Welt.
Aber nun ruft Pfingsten: „Doch, es geschieht Neues! Der Heilige Geist von oben ist das ganz Neue!" Nicht wahr, das ist eine große Botschaft!
Ich habe in diesen Tagen viel über den Heiligen Geist nachgedacht. Und da ging mir ganz groß auf:

1. Gottes Angriffswellen

Als ich kürzlich irgendwo einen Festgottesdienst gehalten hatte, kam nachher eine Frau zu mir. Es war eigentlich ganz sinnlos; denn wir waren uns klar darüber, daß ich ihr nicht helfen konnte. Aber sie brauchte jemand, dem sie ihr Herz ausschütten konnte um ein Kind, das böse Wege ging. Als ich diese weinende Frau sah, fiel mir ein Wort des lebendigen Gottes ein: „Kann auch ein Weib ihres Kindleins vergessen, daß sie sich nicht erbarme über den Sohn ihres Leibes? Und ob sie desselben vergäße, will ich doch dein nicht vergessen." Gewiß, dies Wort sagt Gott seinen Kindern. Aber — es gilt im Grunde allen Menschen. Gott kann uns nicht vergessen, wenn wir ihn auch tausendmal vergessen und verachtet haben. Er wirbt um uns wie eine Mutter um ihr Kind, das ihr weglaufen will.
Ich habe mir erzählen lassen: Wenn die Feinde im letzten Krieg angriffen, dann kamen sie in immer neuen Angriffswellen. So gibt es Angriffswellen der Liebe Gottes auf uns. Soll ich diese Wellen euch kurz skizzieren?
Zunächst stellt er die Wunder seiner Schöpfermacht um uns her: Jeder Blütenbaum und jedes neugeborene Kindlein predigen Gottes Größe und Macht. „Die Himmel rühmen des Ewigen Ehre." Aber —

der Römerbrief sagt schon: „Sie haben ihm nicht gedankt und ihn nicht gepriesen als Schöpfer."

Dann hat Gott deutlicher geworben: Er sandte geisterfüllte Propheten und Zeugen. Aber die Welt hat diese Zeugen getötet und verfolgt.

Immer noch weiter hat Gott geworben. Die nächste und größte Angriffswelle seiner Liebe folgt: Er sandte seinen Sohn. Und der starb für uns. „Also hat Gott die Welt geliebt, daß er seinen eingeborenen Sohn gab." Wie wirbt Gott um unser Herz durch den Mann mit der Dornenkrone! Sollte man nicht meinen, die härtesten Herzen müßten vor ihm zerschmelzen?

Aber nichts geschieht. Die Welt geht weiter, als sei der Sohn Gottes nicht gekommen, gestorben und auferstanden. Gibt Gott es nun auf? O nein! Jetzt folgt die nächste Welle seiner Liebe. Er wirbt um den einzelnen durch besondere Führungen, um ihn zum Sohne zu ziehen. „Bald mit Lieben, bald mit Leiden / kamst du, Herr, mein Gott, zu mir, / dir mein Herze zu bereiten, / ganz mich zu ergeben dir ...''

Aber das Menschenherz begreift nichts. Es bleibt stumpf. Geht es einem gut, schreibt man es seiner Tüchtigkeit zu. Geht's schlecht, dann klagt man Gott an. Aber man ergibt sich nicht. Wie es von der alten preußischen Garde hieß: „Sie stirbt, aber sie ergibt sich nicht." Da kommt Gottes letzte Angriffswelle: Er sendet den Heiligen Geist. Jetzt aber wird's ernst. „Da ging's ihnen durchs Herz", steht hier. Jetzt packt Gott selbst das Menschenherz an, er wirbt ganz persönlich durch den Geist.

2. Das stille, sanfte Sausen

Es gibt im Alten Testament eine wundervolle Geschichte vom Propheten Elia. Der verzweifelte an der Welt, lief seinem Auftrag weg durch die Wüste in das grauenvoll einsame Felsengebirge am Horeb. Und dort suchte ihn Gott und warb neu um ihn. Das ging so zu: Zuerst erhob sich ein Sturm, der die Felsen zerriß. Aber Gott war nicht im Sturm. Dann erfolgte ein Erdbeben. Aber der Herr war nicht im Erdbeben. Elia blieb im Eingang seiner Felsenhöhle stehen und sah ungerührt in das Toben der Natur. Dann kam ein Feuer. Aber der Herr war nicht im Feuer. (Ich möchte euch eben darauf hinweisen, daß dieselben Zeichen auch am Pfingsttag geschahen. Aber solche Geschehnisse sind nur die Boten, die vor Gott herlaufen.) Dem Feuer folgte ein stilles, sanftes Sausen. Da war es um Elias' eiserne Haltung geschehen. Er verhüllte sein Angesicht und trat vor den Herrn. Dies stille, sanfte Sausen ergriff sein Herz mit unwiderstehlicher Macht.

Seht, das ist der Heilige Geist. Das ist das köstliche Werben Gottes um ein erstarrtes Menschenherz, daß er mit dem stillen, sanften Zug des Heiligen Geistes hinzieht zum Kreuze Jesu, wo wir alle Lasten abladen können; wo tiefer Friede für uns bereit ist.

Das ist Gottes stärkstes Liebeswerben, daß er nun im Menschenherzen eine Sehnsucht erweckt, ein Heimweh nach Frieden, nach dem Erlöser, nach einer wirklichen Erneuerung. Das erlebten die Leute am ersten Pfingsttag: „Da ging es ihnen durchs Herz."

Habt ihr dies Arbeiten des Geistes an euren Herzen auch gespürt?

Ich denke an jenes seltsame Erlebnis, das uns der heimgegangene Pastor Immer berichtete: In seinem ostfriesischen Dorf schenkte Gott eine Geisteserweckung. Viele kamen zum Glauben an Jesus. Nur in einem kleinen Filialort sperrten sich die Bauern und erklärten: Wir sind gut. Was brauchen wir eine Bekehrung? — Immer ging darauf einige Wochen gar nicht mehr hin. Als er aber eines Tages wieder in den Flecken kam, fiel ihm auf, daß alle Männer so schlecht aussahen. Er fragte einen: „Was ist mit euch los? Was fehlt euch?" Da antwortete der — und die Tränen liefen ihm übers Gesicht: „Wir haben Heimweh nach Jesus!" Das ist das stille, sanfte Ziehen des Heiligen Geistes. Sicher geschieht es auch an uns.

3. Das Werben Gottes ist ernst gemeint

Das ist die wahre Pfingstfeier, wenn wir das Arbeiten, Wirken, Rufen und Locken des Heiligen Geistes spüren dürfen. Aber: Was wird daraus? Wir können es bei der gelegentlichen Rührung belassen. Dann bleiben wir verloren und gehen doch in die Verdammnis.

In diesen Tagen blätterte ich eine „Illustrierte" durch. In den Anzeigen war viel die Rede von Pfingstwünschen. „Ihr Pfingstwunsch", stand bei einem Mädchenbild. Und sie hielt strahlend ein Parfümfläschchen in der Hand. „Sonnenschein und ein XY-Strumpf — das sind meine Pfingstwünsche", las ich neben dem Bild einer jungen Frau. In der Art ging es fort — lauter Wünsche, die nichts mit „Pfingsten" zu tun haben. Was ist u n s e r Pfingstwunsch?

Der wirklich geistliche Pfingstwunsch für einen Christen ist der, daß das Liebeswerben Gottes durch den Heiligen Geist an seinem Herzen zu einer völligen Besitzergreifung Gottes führe und daß der Heilige Geist ihn ganz erfülle. Darauf will es hinaus.

Es gibt ein Pfingstgebet von Gerhard Tersteegen an den Heiligen Geist. Darin heißt es: „Du mußt von Grund auf mich erneuern ..." Von Grund auf! Ja, das ist ein rechter Pfingstwunsch.

Vater, Sohn und Heiliger Geist

Das Lied der himmlischen Geister

„Ein Seraph rief zum andern und sprach: Heilig, heilig, heilig ist der Herr Zebaoth; alle Lande sind seiner Ehre voll!"

Jesaja 6, 3

Wenn ein Mann aus dem Mittelalter heute unsere Stadt sehen würde, wäre er sicher sehr erstaunt über die Veränderung. Zu seiner Zeit beherrschten Kirchtürme das Stadtbild, heute aber Schornsteine und Hochhäuser. Am Broadway in New York steht zwar noch die Trinitatiskirche. Aber der Turm dieser Kirche wirkt jämmerlich zwischen den ragenden Wolkenkratzern.

Genau solch eine Veränderung geht mit den Feiertagen vor sich. Weltliche Feiertage bekommen eine gewaltige Bedeutung: der 1. Mai, der Muttertag ... Dagegen treten die christlichen Feiertage zurück. Das Trinitatisfest ist sogar völlig verschwunden.

Uns aber, der christlichen Gemeinde, ist der Sonntag der heiligen Dreieinigkeit wichtig und lieb. Und darum feiern wir ihn.

Was könnten wir an diesem Tag Besseres tun, als dem Lobgesang der himmlischen Heerscharen zu lauschen, die den Thron Gottes umgeben!

1. In dem Lied kommen wir Menschen gar nicht vor

Was bedeutet eigentlich der Trinitatissonntag? Seht, alle anderen christlichen Feste zeugen von den T a t e n Gottes. Der heutige Sonntag aber zeugt vom dreieinigen Gott selbst. Da ist nicht die Rede von Gottes Taten. Da heißt es einfach: „Ich freue mich im Herrn."

Jesaja schildert uns hier eine herrliche Vision: Er sieht, wie im himmlichen Heiligtum die gewaltigen Geister — er nennt sie Seraphim — den Thron Gottes umgeben. Und dabei stimmen sie ein Lied oder einen Sprechchor an, der mit gemeißelten Sätzen den Vater, den Sohn und den Heiligen Geist rühmt.

Dies Lied der Engel ist darum so schön, weil es nur von der Dreieinigkeit handelt. Wenn wir eine Zeitung lesen, dann handelt sie nur von Menschen. Nun sagt einmal ehrlich: Ist dies Menschenlied schön und erhebend? O nein! Das ist ein häßliches Lied voll Mißklang.

Das Gotteslied aber ist herrlich. Wie lebt bei diesem Lied unsere Seele auf, die unter den Mißtönen des Menschenliedes leidet!

Dies Lied der Engel schenkt uns auch die richtige Weltanschauung. Ich will das deutlich machen: Jede Stadt hält sich für den Mittelpunkt der Welt. Als wir einmal eine Freizeit in einem kleinen Schwarzwaldnest hatten, lachten wir zuerst darüber, wie es sich so wichtig nahm. Aber nach drei Tagen sahen wir auch alles aus der Perspektive dieses Städtchens. Es wurde für uns der Mittelpunkt der Welt.

Und so sieht auch jeder von uns sich selbst immer im Mittelpunkt. Oh, wie wichtig nehmen wir uns, unsere Sorgen, unsere Freuden, unsere Leiden und unsere Rechte!

„Heilig, heilig, heilig ist der Herr!" Da kommen wir gar nicht mehr vor. Da sind wir aus dem Mittelpunkt gerückt — an den Rand, daß man uns gar nicht mehr bemerkt. Da wird deutlich, wer der Mittelpunkt ist: der dreieinige Gott, der Vater, der Sohn und der Heilige Geist.

Lernen wir es einmal, Gott im Mittelpunkt unseres Lebens zu lassen: im Beruf, zu Hause, im Privatleben. Der Herr ist König!

2. Ein Lied, das unser Elend offenbar macht

„Alle Lande sind seiner Ehre voll!" Ja, so ist es! Da ist zunächst die himmlische Welt, die uns Jesaja in seiner Vision schildert. Wunderbar wird dort der dreieinige Gott geehrt! Wenn wir es nur hören könnten, wie die himmlischen Räume erfüllt sind von den Lobgesängen der gewaltigen Geister, die um ihn her sind! Als ich kürzlich Beethovens 9. Symphonie hörte, da hat mich die Stelle ganz überwältigt, wo es heißt: „... und der Cherub steht vor Gott!" Oh, wie muß das herrlich sein!

Aber auch die höllische Welt der Dämonen ist voll der Ehre des Herrn. In der Bibel steht, daß die Teufel vor Gott zittern. Mögen sie ihn hassen — sie ehren ihn doch durch ihre Furcht.

Und auch die kreatürliche Welt ist voll der Ehre des Herrn. Als Schüler lasen wir eine alte lateinische Schrift: Somnium Scipionis. Da träumt Scipio, wie er den Gesang der Sphären hört, den Lobgesang der Sterne und der fernen Sonnen. Gellert singt: „Dich predigt Sonnenschein und Sturm, / dich preist der Sand am Meere. / Bringt, ruft auch der geringste Wurm, / bringt unserm Schöpfer Ehre. / Mich, ruft der Baum in seiner Pracht, / mich, ruft die Saat, hat Gott gemacht. / Bringt unserm Schöpfer Ehre!"

Ja, wirklich, alle Lande sind seiner Ehre voll.

Nur e i n e Ausnahme ist da — der Mensch. Und gerade uns hat Gott geschaffen, ihm in besonderer Weise Ehre zu geben. „Gott schuf den Menschen ihm zum Bilde."

Aber — der Mensch hat sich losgerissen von seinem wahren Herrn. Wir haben eine Technik — ohne Gott! Politik — ohne Gott! Kunst — ohne Gott! Wirtschaft — ohne Gott! Privatleben — ohne Gott! Sagt doch selbst: Wo wird Gott als König und Herr geehrt?

Und was tut er? In seiner Güte bemüht er sich nun in besonderer Weise um uns: Er gibt seinen eingeborenen Sohn für uns in den Tod, auf daß alle, die sich ihm anvertrauen, nicht verloren werden, sondern das ewige Leben haben.

Aber — nichts ist so verachtet wie das rettende Blut des Sohnes Gottes. Oh, Herr Jesus! Jeden Tag wirst du von neuem gekreuzigt!

Doch Gott läßt nicht ab, sich um uns zu mühen: Er sendet den Heiligen Geist. Wie kann der gute Heilige Geist Menschen erneuern!

Doch es heißt heute wie bei der Sintflut: „Die Menschen wollen sich von meinem Geist nicht mehr strafen lassen." Wer hört noch das stille Anklopfen des Geistes, der uns zu Jesus ziehen will?

Wie arm sind wir Menschen, die wir uns selbst ausgeschlossen haben von dem herrlichen Gotteslied, das alle Welt um uns erfüllt!

3. Und doch dürfen wir das Lied der Seraphim lernen!

„Heilig, heilig, heilig ist der Herr!" Dreimal klingt das „heilig". Jeder der drei Personen in Gott erklingt es: „Heilig ist der Vater, heilig der Sohn, heilig der Geist!"

Und nun muß ich euch etwas Wunderbares sagen, etwas, was einem den Atem verschlägt. Das Lied der Bibel ist damit nicht zu Ende. Sondern es geht weiter: „Heilig sind auch die Sünder, die umkehren, Buße tun, die Versöhnung Jesu annehmen und sich von Herzen zum Herrn bekehren."

Ja, schaut nur einmal hinein in das Neue Testament! Da werdet ihr finden: Die Gläubigen werden Heilige genannt. Aber was sind denn das für Leute? Das sind doch die ehemaligen Zöllner, Huren, Schwarzhändler, Schächer — Leute wie Petrus, der von sich sagte: „Ich bin ein sündiger Mensch!" Leute wie Paulus, der ein Verfolger Jesu Christi und seiner Gemeinde war. Die sind durch Jesu Blut und Versöhnung „Heilige" geworden. Nun stehen sie im Chor der Seraphim und singen das Gotteslied mit.

Und dazu sind wir alle berufen. Hört es doch! Das ist schön und gewaltig, wenn ein Herz hier erweckt wird und dann — vielleicht in großer Erbärmlichkeit — mit allen Engeln singen lernt: „Heilig ist der Herr!"

Christen in Rom

Menschen im Licht

„Grüßet die Priscilla und den Aquila, meine Gehilfen in Christo Jesu, welche haben für mein Leben ihren Hals dargegeben, welchen nicht allein ich danke, sondern alle Gemeinden unter den Heiden. Auch grüßet die Gemeinde in ihrem Hause."

Römer 16, 3—5a

Vor kurzem saß ich in dem schönen Kurpark von Wildbad und las ein Buch, das in Amerika eine gewaltige Auflage erlebt hat. Es war Faulkners „Freistatt". Da schildert er die grauenhaften Abgründe des Menschenherzens — ohne irgendeinen Lichtblick.

Ich ließ das Buch sinken und fragte mich: „Hat denn dies Wühlen im Schmutz einen Sinn?" Und ich mußte mir antworten: O ja! Durch 200 Jahre hat man im Abendland „in Optimismus gemacht" dem Menschen gegenüber. Man hat vom „guten Menschen" gefaselt. Es ist ja schon etwas, wenn wenigstens den führenden Geistern aufgeht, daß die unerlöste Welt ohne Gott abscheulich und grauenvoll ist.

Dann legte ich dies Buch weg und wanderte in die stillen Wälder. Dabei nahm ich mein Neues Testament mit. Ich las den Römerbrief. Da sagt Paulus das gleiche wie Faulkner. Auch er deckt die Abgründe des Herzens auf. Aber — oh, es kam mir vor wie ein Sonnenaufgang nach finsteren Nachtstunden! — er sagt noch mehr. Er redet davon, daß ein Heiland in diese Welt gekommen ist, daß es eine Erlösung durch sein Blut gibt. Und im letzten Kapitel zeigt er uns in den Grußworten ein paar Leute aus der urchristlichen Gemeinde in Rom, die durch den Heiligen Geist erneuert waren. In kurzen Bemerkungen zu diesen Grüßen gibt Paulus eine wundervolle Charakteristik dieser Menschen. Sie wurden mir gleichsam lebendig und standen um mich herum. Und ich dachte: Es ist für Christen eine fördernde und reizvolle Sache, in solch eine lebendige Berührung mit der urchristlichen Gemeinde zu kommen.

1. Sie haben sich völlig Jesus hingegeben

Wir begegnen dem Aquila — er war Handwerker, und zwar Zeltweber — und seiner Frau Priscilla an verschiedenen Stellen der Bibel. Überall ergibt sich dasselbe Bild: Ihr Christenstand war nicht eine leere Form. Der Erlöser mit den Nägelmalen hatte ihnen das Herz abgewonnen. Und nun hatten sie sich ihm völlig ausgeliefert.

Die beiden werden immer miteinander genannt. „O selig Haus, wo

Mann und Weib in einer, / in deiner Liebe eines Geistes sind ...!"
Bei uns gibt es so viele gläubige Frauen — aber wo bleibt der Mann?
Und ich kenne gläubige Männer — doch wo bleibt die Frau?
Die beiden waren eins geworden, ganz ernst zu machen mit Jesus. Ihm
gehörte ihre Zeit. Paulus nennt sie seine „Gehilfen". Dieser Handwerker hat sich sicher quälen müssen, um sein tägliches Brot zu verdienen. Trotzdem kann er ein „Gehilfe" des großen Apostels sein. Wieviel Zeit widmen wir Jesus und seinem Reich? Am letzten Sonntag
predigte ich in einem schwäbischen Dörflein. Am Tag vorher lud ich
einen jungen Mann ein zum Gottesdienst. Aber er wehrte ab: „Ich
habe keine Zeit. Morgen muß ich zum Ziehharmonikafest."
Und das Ehepaar in Rom gab sein Haus für Jesus hin. Paulus schreibt:
„Grüßet die Gemeinde in ihrem Haus." Damals hatte man noch keine
Kirchen. Da kam man in Häusern zusammen. Das gab Unruhe und
Schmutz. Was brachten diese Sklaven für eine Unordnung in Frau
Priscillas nette Wohnung! Aber ich denke: Die lachte und schleppte
Stühle herbei und dachte: „Meine Wohnung gehört Jesus!" — Wie-
der muß ich fragen: Was haben wir eigentlich schon für Jesus ge-
opfert?
Diese Eheleute gaben mehr als nur Zeit und Eigentum hin. Sie waren
auch bereit, ihr Leben für Jesus hinzugeben. Paulus sagt: „Sie haben
ihren Hals dargegeben." Das müssen wir ganz wörtlich verstehen. Es
war Verfolgungszeit. Wie durchdringend muß doch Jesus diesen Leuten sein Heil offenbart haben, daß ihnen Jesus lieber war als ihr
Leben! Und sicher haben sie eine ganz gewisse Hoffnung des ewigen
Lebens gehabt.
Ich komme noch einmal auf die modernen Dichter und ihre grauen-
hafte Schilderung der Welt. Gewiß ist die Welt furchtbar. Aber Gott
hat seinen Sohn zur Erlösung gesandt. Und wo man sich ganz ihm
hingibt, da bricht die neue Welt des Lichtes an. Da wird es schön.

2. Sie hatten Liebe

Paulus sagt hier von Aquila und seiner Frau: „Sie haben für mein
Leben ihren Hals dargegeben." Was mag da für eine aufregende Geschichte dahinterstecken! Schade, daß Paulus sie uns nicht eben erzählt. Aber das Wichtigste sagt er ja: „Für mich!" Aquila und Priscilla waren nicht auf ihre Belange und auf ihren Nutzen aus. Sie
waren für die Brüder da. Ihr selbstsüchtiges Ich hatten sie mit Jesus
gekreuzigt. Und nun waren sie frei zum Dienst an anderen.

So war das in der ersten Christenheit. Ich denke, daß mancher arme Sklave im Haus des Aquila zum erstenmal in seinem Leben wirkliche Liebe erfahren hat.

Wir wollen uns gar nichts vormachen: Von Natur ist unser Herz selbstsüchtig und tot und kalt wie ein Eisblock. Aber ein Eisblock schmilzt ja, wenn er in die Sonne kommt. Die Sonne ist da. „Gott ist die Liebe", sagt die Bibel. Und Paulus erklärt den Glauben einmal so: „Die Liebe Gottes ist ausgegossen in unser Herz durch den Heiligen Geist, welcher uns gegeben ist." Ich denke, das hatten Aquila und Priscilla erfahren. Als sie Jesus fanden, wurde die Liebe Gottes in ihr Herz ausgegossen. Da schmolz der Eisblock. Da wurden sie Menschen voll Barmherzigkeit, Selbstlosigkeit und Liebe.

Ich will euch noch darauf hinweisen, wie Jesus-ähnlich dies Ehepaar hier im Text erscheint: Der ganze Römerbrief handelt ja davon, daß einer für mein Leben seinen Hals dargegeben hat: nämlich der Sohn Gottes. Viele Kapitel lang weiß Paulus nichts anderes zu rühmen. Und nun sagt er dasselbe hier von Aquila und Priscilla. Da wird uns deutlich, daß der Geist Gottes so gewaltig in einem Herzen wirken kann, daß bei armen Menschen die Züge Jesu in ihr Leben geprägt werden. Danach wollen auch wir uns mit Ernst ausstrecken! Die Geschichte von Aquila und Priscilla ist ja lange her. Aber der dreieinige Gott ist noch derselbe, und sein Heil wird nicht alt und kraftlos.

3. Sie waren demütige Leute

Paulus schreibt hier: „Grüßet die Priscilla und den Aquila, meine Gehilfen in Christo Jesu." Ja, das „in Christo Jesu" mußte er schon dazusetzen. Denn in einer anderen Weise war der Paulus ein Gehilfe des Aquila. Es hatte nämlich einmal eine Zeit gegeben, da hatte der Aquila aus Rom auswandern und sein Geschäft nach Korinth verlegen müssen. Als nun Paulus nach Korinth kam, mußte er ja auch seinen Lebensunterhalt verdienen. Und da war er als „Gehilfe" bei dem Aquila eingetreten. Paulus war lange Zeit ganz einfach der Angestellte des Herrn Aquila.

„In Christo Jesu" aber war Paulus der größere. Und da ordnete sich Aquila ganz schlicht ihm unter.

Dazu gehört ein demütiger Geist. Der stammt auch nicht aus unserer Natur. Im Gegenteil. Unsere Natur will immer hoch hinaus. Es erscheint der Natur unfaßbar, daß Jesus Christus seine Herrlichkeit drangab und sich freiwillig erniedrigte. „Er nahm Knechtsgestalt an." Und er erniedrigte sich bis zum Tode am Kreuz. Wo aber Jesus mächtig wird, bekommt man denselben demütigen Geist. Das ist wichtig. Denn „Gott widersteht den Hoffärtigen, aber den Demütigen gibt er Gnade", sagt Gottes Wort.

Daß dieser Geist der Demut in der urchristlichen Gemeinde herrschte, wird noch an einer Stelle wunderbar deutlich. Seht, hier sagt Paulus: Dieser Aquila und seine Frau haben ihren Hals für mich dargegeben, „welchen nicht allein ich danke, sondern auch alle Gemeinden". Ich meine, da fehlt noch etwas — nämlich: „Gott wird es ihnen vergelten."

Der ganze Römerbrief ist ja so unter den Augen Gottes geschrieben, daß Paulus hier unmöglich vergessen konnte, daß Gott zu der Liebestat des Aquila etwas zu sagen hat. Es m ü ß t e ja dastehen: „Gott wird es ihnen vergelten."

Das steht aber nicht da. Es steht bewußt nicht da. Warum nicht? Weil Paulus und Aquila und Priscilla sehr genau wußten, daß wir Gott gegenüber nie und nimmer etwas zu rühmen haben. Vor dem heiligen Gott bleiben wir auch in dem besten und geheiligtesten Leben arme und verlorene Sünder, die davon leben, daß Jesus für sie starb und sie versöhnte. Ein rechter Christ ist klein und demütig, weil er nur von der Gnade und dem Versöhnen Jesu lebt.

Wieviel fehlt uns doch zu einem rechten Christenstand!

Kleiner Mann — ganz groß

„Grüßet Epänetus, meinen Lieben, welcher ist der Erstling unter denen aus Achaja in Christo."　　　　Römer 16, 5

Vor ein paar Tagen saß ich mit meinen jungen Mitarbeitern bei einer Besprechung. Zum Schluß sangen wir das Lied: „Liebe, die du mich zum Bilde / deiner Gottheit hast gemacht ..." Als wir an den Vers kamen: „Liebe, die du Kraft und Leben, / Licht und Wahrheit, Geist und Wort ..." und die jungen Männer das so kräftig sangen, durchfuhr mich schmerzend der Gedanke: „Wie wenig ist doch davon in unserer Volkskirche zu sehen!" Wo ist denn unter uns die „Herrlichkeit des Herrn"? Wo sind die „Zeichen und Wunder"? Wo erweist sich die „Kraft seiner Auferstehung"?

In einer solchen Zeit geht der Blick gern zurück zu der Urchristenheit. Da hatte man keine Pfarrer, keine Oberkirchenräte, keine Gelder, keine Kirchen, Glocken und Orgeln. Dafür hatten diese Gemeinden Verfolgung und Bedrohung des Lebens zu erdulden. Und trotzdem erfüllte diese Christenheit in wenigen Jahren die damalige Welt mit der Botschaft des Evangeliums. Welch eine Kraft offenbart sich in ihr!

Wir lernen Leute dieser ersten Gemeinde in Rom kennen aus der Grußliste im Römerbrief. Da ist dieser Epänetus. Die Aufzeichnungen der Weltgeschichte nennen ihn nicht. Aber auch die Apostelgeschichte nicht. Er gehört nicht zu den Großen wie Paulus oder Petrus. Er ist der typische „kleine Mann". Und doch dürfen wir sagen: Kleiner Mann — ganz groß.

1. Wir wissen nur eines von ihm

Wir wissen nicht seinen Beruf. Und wie wichtig wäre das! Es ist doch ein großer Unterschied, ob ein Mann Straßenkehrer oder Generaldirektor ist. Doch — darüber wissen wir nichts.

Wir wissen auch nichts über die Familie des Epänetus. Das wäre ebenfalls wichtig, denn auch von seiner Familie wird ein Mann entscheidend bestimmt. Es ist doch so, daß wir Männer stark geprägt werden durch unsere Frauen — und umgekehrt. Und auch unsere Kinder prägen und erziehen uns in gewisser Weise. Aber es ist uns nichts berichtet über die Familie des Epänetus.

Wir wissen nicht einmal etwas über seine Herkunft. Hier steht, er sei „der Erstling unter denen aus Achaja". Da aber die Bibel durch viele Jahrhunderte nur abgeschrieben wurde und dabei manche Schreibfehler vorkamen — allerdings nur in zweitrangigen Fragen, die Hauptsache ist immer klar —, gibt es Handschriften, welche besagen, er sei der „Erstling in Asia" gewesen. Das ist sogar wahrscheinlich, weil im 2. Korintherbrief der Stephanus der Erstling in Achaja genannt wird. Aber wir wissen nun nichts Genaues über die Herkunft dieses Mannes.

Alles ist im Dunkel. Nur eines ist ganz klar: Dieser Epänetus hat sich entschieden zum Herrn Jesus Christus bekehrt. Das ist das einzige, was der Bibel wichtig ist: daß dieser Mann ein Eigentum Jesu war.

Ich kann mir denken, daß es Leute gibt, die sagen: Das ist doch wirklich eine Überschätzung des Religiösen, wenn alles andere unwichtig wird.

Nun — denkt einmal folgendes: In hundert Jahren lebt keiner von uns mehr. Dann sind wir alle in der Ewigkeit. Meint ihr, daß da unser Beruf, unsere natürlichen Anlagen, unsere Familie noch eine Rolle spielen? Nein! Dann steht für uns alle nur die eine große Frage da: Findet sich mein Name im Buch des Lebens? Bin ich errettet von der Obrigkeit der Finsternis und versetzt in das Reich Jesu Christi? Bin ich versöhnt mit Gott? Habe ich Vergebung meiner Sünden?

Nein! Die Bibel übertreibt nicht das „Religiöse", sondern sie gibt uns die richtige Perspektive, daß wir erkennen, was unwichtig und was überaus wichtig ist.

2. Das eine, was wir wissen, hat einen großartigen Zug

Es ist immer schon etwas ganz Großes, wenn ein Mensch durch das Wirken des Heiligen Geistes den Entschluß faßt, sich dem Herrn Jesus ganz auszuliefern.

Die Bibel braucht mancherlei Bilder, um darzustellen, was eine klare Bekehrung bedeutet.

Da ist das Gleichnis vom Tempelbau: Die ganze Menschenwelt gleicht einem wüsten, wilden Steinbruch. Aber Gott haut sich aus diesem Steinbruch lebendige Steine heraus und baut sie auf zu seinem heiligen Tempel, in dem er im Geist wohnen will.

Oder da ist das Gleichnis vom Leib: Die Welt ist erfüllt von Mächten und dunklen Gebilden. Aber in diesem Chaos wächst der Leib Jesu Christi. Jesus selbst ist das Haupt. Und wer sich bekehrt, wird diesem Leib als lebendiges Glied hinzugetan.

Oder da ist das Gleichnis von dem Reich: In dieser Welt hat der Fürst der Finsternis, Satan, sein schreckliches und dämonisches Reich aufgerichtet. Paulus schildert die Wirkung einer Bekehrung nun so: „Gott hat uns errettet von der Obrigkeit der Finsternis und hat uns versetzt in das Reich seines lieben Sohnes."

Eine Bekehrung ist also immer eine ganz große Sache. Aber die Bekehrung der Epänetus hat nun noch einen besonders großen Zug: Epänetus war in Kleinasien oder Achaja — das ist ja belanglos —, also in seinem Lande der „Erstling".

Denken wir doch einmal daran, wie sehr wir abhängig sind von gesellschaftlichen Bindungen, von der Mode und von den Zeitströmungen. Dann verstehen wir, welche große innere Freiheit dieser Mann bewiesen hat, als er sich als erster und einziger der Botschaft des Evangeliums öffnete und alle Konsequenzen daraus zog.

Vielleicht hat er einen besonderen Zug zur Wahrheit gehabt. Vielleicht hatte der Mann ein zartes Gewissen, daß er hungerte nach Versöhnung und Frieden mit Gott. Jedenfalls hat sich Jesus ihm in durchdringender Weise im Gewissen bezeugt, daß der Epänetus es als „kleiner Mann" wagte, gegen den Strom einer ganzen Welt zu schwimmen.

Übrigens wird hier deutlich, welch ungeheure innere Freiheit Jesus schenkt.

3. Dies eine, was wir von Epänetus wissen, hat er in seinem Leben bewährt

Eine Bekehrung — so sagten wir — ist eine große und wichtige Sache. Aber eine Bekehrung allein tut's nicht. Darauf müssen nun das Wachstum im Glauben und die Bewährung folgen. Paulus hat einmal das Glaubensleben mit einem Wettlauf im Stadion verglichen. Da ist gewiß ein guter Start wichtig. Wichtiger aber ist, ob man am Ziel dabei ist unter den Siegern. Ich kenne viele, die einmal einen guten Anfang mit Jesus gemacht haben. Aber dann ging es ihnen wie jenem Demas, von dem Paulus schmerzlich schreibt: „Demas hat mich verlassen und die Welt liebgewonnen."

Anders war es offenbar bei Epänetus. Wir finden diesen Mann hier bei der Gemeinde Jesu.

Wenn es überall schwer war, ein Christ zu sein, so war es sicher besonders schwierig in Rom. Rom war die große Stadt, in der der sittliche Zerfall des römischen Reiches zuerst begann. Ich glaube, wir machen uns nur schwer eine Vorstellung von dem Sumpf dieser Weltstadt. Der römische Schriftsteller Sueton gibt uns einen kleinen Einblick in die Zustände. Solch ein sittlicher Zerfall schafft eine Atmosphäre, der man sich nur schwer widersetzen kann. Ungeheure Versuchungen bedrohten hier die Christen.

Und nicht genug damit. Hier begannen die Verfolgungen, die ungeheure Blutopfer kosteten. Als Epänetus in Rom lebte, waren diese Verfolgungen bereits im Gang. Man war als Christ seines Lebens nicht sicher.

In diesem Rom nun stand dieser „kleine Mann" ganz groß seinen Mann. Hier hielt er sich zu der verachteten Gemeinde. Hier bezeugte er seinen Erlöser.

Ich denke, bei Epänetus traf das zu, was Zinzendorf in einem Verslein gesagt hat: „Einfalt denkt nur an das eine, / in dem alles andre steht: / Einfalt hängt sich ganz alleine / an den ewigen Magnet."

Ein Herz voll Liebe

„Grüßet Maria, welche viel Mühe und Arbeit mit uns gehabt hat."
Römer 16, 6

Ein Junge sitzt am Ufer eines großen Sees. Er verfolgt mit seinen Augen ein Motorboot, das über die stille Wasserfläche gleitet. Jetzt verschwindet das Schiff hinter einer Biegung. Der Junge sieht wieder vor sich auf das Wasser. Und da staunt er. Deutlich kann man noch den Weg des Bootes verfolgen. Es hat eine merkbare Spur zurückgelassen.

So ist es — glaube ich — auch mit unserm Leben. Da ist einmal in Rom eine jüdische Frau zugewandert. Sie hat sich der dortigen Christengemeinde angeschlossen. Sonst aber wissen wir gar nichts von ihr. Es gibt eine dunkle Tradition, sie sei jene Maria, die als Mutter eines Joses im Markusevangelium genannt wird. Aber das ist unsicher. Wir wissen nicht, woher sie kam, wo sie starb, wann und wo sie dem Apostel Paulus begegnet ist. Sie ist gestorben und vergessen worden — wie es eben Menschenlos ist.

Aber — eine Spur ist von ihr zurückgeblieben. Die finden wir hier im Römerbrief. Und diese Spur sagt nur eins: Sie war ein Mensch der Liebe. Daß keine Verwechslungen entstehen: Wir meinen nicht die erotische Liebe, auch nicht die Mutterliebe, sondern wir reden von der göttlichen Liebe, die eine Frucht des Heiligen Geistes ist.

Wie sieht wohl die Spur u n s e r e s Lebens aus?

1. Die Ursache dieser herrlichen Liebe

„. . . Maria, welche viel Mühe und Arbeit gehabt hat." Wer nur ein klein wenig das Neue Testament kennt, wird hier sofort an eine andere Geschichte erinnert, in der sowohl eine Maria als auch „Mühe und Arbeit" vorkommen. Allerdings war da die Sache auf zwei Schwestern aufgeteilt: eine trug den Namen Maria, die andere hatte die Mühe und Arbeit.

Wie war die Geschichte? Jesus kam mit seinen Jüngern in das Haus in Bethanien, wo die beiden Schwestern wohnten. Da „machte Martha sich viel zu schaffen, ihm zu dienen". Maria aber setzte sich still hin und hörte dem Heiland zu. Das regte die Martha auf. Doch Jesus tadelte sie und lobte Maria: „Martha, du hast viel Sorge und Mühe. Eins aber ist not. Maria hat das gute Teil erwählt."

Und nun treffen wir hier in Rom eine Maria, die mit dem Paulus „viel Mühe und Arbeit" hatte. Ist das nicht eine Maria, die eigentlich eine Martha ist? Muß der Herr sie nicht tadeln? O nein! Merkwürdigerweise wird sie hier im Römerbrief nur gelobt, obwohl sie doch das gleiche tut wie Martha. Warum? Wieso? Offenbar sind Vielgeschäftigkeit und Liebe noch lange nicht dasselbe. Dem müssen wir nachdenken!

Laßt mich ein Beispiel brauchen: Wir haben alle schon eine Ritterrüstung gesehen. Stellt euch nun vor, ein feiger, armseliger Mensch würde in solche Rüstung steigen. Ist er nun ein Ritter? O nein! Er sieht nur so aus.

Genau so kann man in die Rüstung des Christenstandes hineinsteigen: Man ist kirchlich, hat christliche Ansichten. Oder man tut viel Gutes, macht sich viel Sorge und Mühe. Aber — das Herz ist in keiner Weise umgewandelt, es weiß nichts von Wiedergeburt. Man versteht nichts von dem, was die Bibel sagt: „Die Liebe Gottes ist ausgegossen in unser Herz durch den heiligen Geist." Da „macht" man sich viel Sorge und Mühe. Aber die ist eigenes Erzeugnis, Quälerei und gesetzliches Wesen. Die Bibel sagt: „Und wenn ich alle meine Habe den Armen gäbe und hätte der Liebe nicht, so wäre mir's nichts nütze."

Die rechte Liebe aber ist nur ein Weiterströmen der Liebe Gottes, die man durch Jesus selber erfahren hat. Wiedergeborene Christen sind Leute mit Maria-Herzen und Martha-Händen. So war es bei der römischen Maria.

Wie fehlt es bei uns an solcher Liebe! Nun, wir können sie uns nicht anquälen. Wenn wir uns aber recht unserm gekreuzigten und auferstandenen Erlöser hingeben, dann fließt sie von selbst. Ich habe einmal auf der wasserarmen Schwäbischen Alb erlebt, daß eines Tages kein Wasser mehr aus dem Kran floß. Das lag aber nicht am Kran, sondern an der Quelle, die versiegt war. So ist es mit der Liebe. Wenn es bei uns an der Liebe fehlt, dann liegt das daran, daß unsere Stellung zum Herrn Jesus nicht klar ist.

Wie schön wäre es, wenn wir solche Brunnen würden, die — selber gespeist durch die Quelle der Jesusliebe — der Welt das belebende Wasser göttlicher Liebe schenken könnten! Die Welt hungert nach Liebe. Die Menschen sind so einsam und zerschlagen. Und wir hungern auch danach. Aber ich bitte euch, hört auf zu jammern: „Mich versteht keiner! Mich hat keiner lieb!" — Dich hat Jesus lieb. Und nun fordere nicht, sondern g i b Liebe!

Die römische Maria hinterließ eine Spur. Die Spur sagte: Hier war ein Herz voll Liebe. In unser Leben übertragen hieße das so: Wenn du stirbst, stehen alle Hausbewohner und Arbeitskollegen hinterher zusammen und stellen fest: Dies war so ein bescheidenes Menschenkind, das nichts für sich wollte. Wie kalt ist es auf einmal bei uns, seit dies Menschenkind begraben ist! — Wird das bei uns so sein?

2. Der besondere Gegenstand dieser Liebe

Nun habe ich bisher gewiß richtig, aber noch nicht ganz genau ausgelegt. Sicher war diese Maria ein lebendiges Zeugnis für das Wort: „Die Frucht des Geistes ist Liebe." Aber jetzt muß ich darauf hinweisen, daß in unserm Text eine ganz besondere Art der Liebe herausgestellt wird: nämlich die vom Heiligen Geist gewirkte Liebe zu den Kindern Gottes. Hiervon muß besonders geredet werden.

Ich las kürzlich den schönen Satz: Im alten Rom wurde hinter den Christen ein Steckbrief hergeschickt. Und der hieß: „Siehe, wie haben sie einander so lieb!"

Wie sollte es auch anders sein! Denn gläubige Christen sind ja Glieder an e i n e m Leibe, nämlich am Leibe Jesu Christi. So ist die Liebe zu den Brüdern geradezu ein Kennzeichen dafür, ob ich am Leibe Jesu ein Glied bin. Und genau das sagt Gottes Wort durch den Mund des Johannes: „Wir wissen, daß wir aus dem Tode in das Leben gekommen sind, denn wir lieben die Brüder."

Ich habe schon als Junge vor meiner Bekehrung viele namhafte und auch unbekannte Kinder Gottes kennengelernt. Und da muß ich gestehen, daß diese Leute mir viel Anlaß zur Kritik und auch zum Spott gaben. Ach, sie waren oft so wunderlich und einseitig! Als ich mich aber bekehrte, lernte ich diese Leute anders ansehen: Das waren ja Väter und Mütter in Christo, an denen ich hinaufsehen mußte.

Ihr werdet es hoffentlich kennen oder noch erleben: Von der Stunde unserer Bekehrung an bekommen wir einen starken Zug und eine große Liebe zu den Kindern Gottes. Prüfen wir uns doch einmal, ob das für uns gilt: „Wir wissen, daß wir aus dem Tode ins Leben gekommen sind, denn wir lieben die Brüder." Seht, so können wir schließen aus der Liebe der Maria zu den Kindern Gottes: Sie war wiedergeboren zu einem neuen Leben aus Gott.

3. Die Notwendigkeit einer Neubelebung der Gemeinde heute

Wie oft singen wir in unserer Gemeinde: „Liebe, hast du es geboten, /

daß man Liebe üben soll, / oh, so mache doch die toten, / trägen Geister lebensvoll . . ." Dies Gebet kommt mir auf die Lippen, wenn ich die Maria ansehe. Solch ein Flehen müßte die Frucht dieser Predigt sein. Es wäre schon viel, wenn uns unsere Kümmerlichkeit und Armut aufginge.

Frage dich einmal ernsthaft: Habe ich die andern Christen lieb? Oder kritisiere ich sie nur? Stelle ich nur die Echtheit ihres Christenstandes in Frage?

Und weiter: Stelle dir deinen unangenehmen Nachbarn vor — oder deinen launischen Chef — oder deine oberflächlichen Arbeitskollegen — oder deine unbekehrten Verwandten, die dir so auf die Nerven fallen! Und dann frage dich: Habe ich diese Leute lieb? Jesus liebt sie. Habe auch ich sie lieb? Und — zeige ich ihnen das? Da merkst du bald, wie liebeleer dein Herz ist — ein vertrockneter Brunnen.

Sicher wird uns bei solchem Fragen viel aufgedeckt. Das führt zur Buße. Und dann zum Beten: „Mache mein Herz lebensvoll!"

Welche Belebung unserer Gemeinde würde aus solchem Gebet fließen!

Arme Leute, die sehr reich sind

„Grüßet den Andronikus und den Junias, meine Gefreundeten und meine Mitgefangenen, welche sind berühmte Apostel und vor mir gewesen in Christo." Römer 16, 7

Meine Jugendzeit habe ich in den Jahren vor dem Ersten Weltkrieg in der schönen Stadt Frankfurt am Main verlebt. Ganz besonderen Eindruck machte mir dort eine herrliche Allee, an der die reichsten Leute Deutschlands ihre prächtigen Villen hatten.

Ich erinnere mich, wie ich einmal mit einem richtigen Frankfurter diese Allee entlangging. Stolz erklärte er mir die herrlichen Häuser und Schlösser: „Hier wohnt Mumm, 60 Millionen . . . Hier Speyer-Ellison, 100 Millionen . . . Hier Opel, 40 Millionen . . ." So etwa ging es die ganze Zeit. Für die Richtigkeit meiner Zahlen kann ich mich zwar nicht verbürgen, weil es lange her ist. Und viel von diesem Reichtum ist zerronnen.

Aber mir fiel das Erlebnis wieder ein, als ich unseren Text las. Ich will euch heute auch reiche Leute zeigen.

Allerdings habe ich es nicht so leicht wie jener Frankfurter; denn die Männer, die ich euch vor die Augen stellen möchte, waren in den Augen der Welt sehr bedauernswert. Paulus hat einmal von sich gesagt, er gehöre zu den Leuten, die „nichts haben und doch alles innehaben". Dazu gehören meine reichen Leute auch.

Sie sind:

1. Entwurzelte, die eine Heimat fanden

Vielleicht denkt mancher: „Warum wählt der Pastor denn solch einen dürren Text, in dem doch eigentlich gar nichts Rechtes steht?" Nun, ich las einmal eine Geschichte von einem Goldgräber. Der hob erst einen trockenen Rasen ab und erlebte dann, wie ihm darunter die Goldkörner nur so entgegenkullerten. Ähnlich ergeht es uns mit der Bibel. Auch unter solchen scheinbar trockenen Stellen sind die Goldkörner zu finden.

Zunächst einmal ist hier allerlei Interessantes über diese Männer zu erfahren. Paulus nennt sie seine „Gefreundeten". Das griechische Wort, das hier steht, bedeutet sowohl „Volksgenossen" als auch „Verwandte". Ob nun das eine oder andere gemeint ist — in jedem Fall waren diese beiden aus Israel. Sie gehörten zu dem Volke, das Gott erwählt hatte.

Aber nun heißt der eine Andronikus. Das ist ein römischer Name. Da war der Vater also wohl ein Mann gewesen, dem die römische Macht imponierte, der sich von seinen Brüdern löste und es mit Rom hielt. Der andere heißt Junias. Das ist ein griechischer Name. Die heidnische Kultur jener Zeit war griechisch-hellenistisch. Also war dieser Junias wohl in einem Hause aufgewachsen, wo man die heidnischen Kulturwerte höher hielt als den Gott der Väter.

So sind beide von Jugend auf entwurzelte Leute. Und nun sind sie gar in Rom gelandet, wo viele Tausende eine Wohnung, aber keine Heimat hatten.

Dabei sind diese beiden ganz moderne Menschen. Denn das ist doch wohl das Kennzeichen unserer Zeit, daß wir Entwurzelte sind. Ich sah kürzlich wieder einmal das Bild von Ludwig Richter an, das er „Kirchgang" genannt hat. Da sieht man die Bauern gemächlich durch ihre Felder schreiten der Kirche zu, die inmitten des Dorfes liegt. Man kann sich vorstellen, wie sie am Abend vor ihrem alten Hof sitzen und singen: „Im schönsten Wiesengrunde / ist meiner Heimat Haus ..."

Dies Lied wollte ich einmal mit Essener Jungen singen. Da haben sie nur gelacht. Es kam ihnen komisch vor. Wir haben eine Wohnung, aber keine Heimat.

Auch geistig sind wir entwurzelt. Wie sind diese Bauern auf Richters Bild in ihrer Kirche zu Hause! Das sind doch heute nur wenige. Ja, wo hat man seine geistige Heimat? Man war Marxist oder konservativ, dann wurde man Nationalsozialist — und nun? Entwurzelt! Geistig entwurzelt!

So ging es Junias und Andronikus. Arme Leute?

O nein! Denn sie haben eine neue, ewige Heimat gefunden, von der schon der 84. Psalm sagt: „Der Vogel hat ein Haus gefunden ... deine Altäre, Herr Zebaoth!" Im Text steht: Diese beiden Männer sind „in Christo". Das ist ein Boden, in dem die Seele wieder Wurzeln schlagen kann. Einen Heiland haben! Durch ihn Frieden mit Gott bekommen! In der Versöhnung mit Gott leben!

Auf Sylt findet sich ein Friedhof für die Toten, die das Meer anschwemmt. Dort ist auf einem Stein ein Gedicht von Kögel zu lesen, in dem es heißt: „Das Vaterhaus ist immer nah, / wie wechselnd auch die Lose. / Es ist das Kreuz auf Golgatha, / Heimat für Heimatlose."

2. Ohnmächtige, die die Macht ihres Herrn erleben

Paulus sagt von dem Junias und dem Andronikus: „Sie sind vor mir in Christo gewesen." Aus diesem Sätzlein kann man ein gutes Teil ihrer Lebensgeschichte ablesen. Zunächst dies: Sie haben eine ganz klare Entscheidung für Jesus getroffen. Sie bekamen durch den Heiligen Geist Licht, daß in Jesus das Heil ist. Und sie haben sich von Herzen zu ihm bekehrt. Jesus wurde die Mitte ihres Lebens.

Und sie müssen zu den allerersten Christen gehört haben, wenn sie vor Paulus schon Jesusjünger wurden. Dann müssen sie unter den Christen gewesen sein, die Paulus vor seiner Bekehrung so grimmig verfolgt hat. Das wissen wir doch hoffentlich, daß die erste große Verfolgung durch den späteren Apostel Paulus durchgeführt wurde, der damals noch Saulus hieß. Vor ihm sind diese beiden Männer — wie so viele — geflohen. Er war die Ursache ihrer endgültigen Entwurzelung.

Und wahrscheinlich geschah dann einer Tages etwas Seltsames: Die beiden lagen um ihres Glaubens willen irgendwo im Gefängnis. Die Kerkertür ging auf. Es wurde ein weiterer Gefangener eingeliefert. Die beiden trauten ihren Augen nicht: Dieser „Neue" war ihr Verfolger, der Saulus. Und nun hören sie aus seinem Munde, wie Jesus ihn überwunden hat, wie er seinen verlorenen Zustand erkannte und in Jesus Vergebung und Frieden mit Gott fand.

So ähnlich muß es wohl gewesen sein. Denn Paulus nennt sie „seine Mitgefangenen". Was mag das für eine Zeit im Gefängnis geworden sein! Wie wurde da Jesus gelobt und angebetet! Wie staunten sie über die Macht ihres Herrn, der — wie Jesaja sagt — „die Starken zum Raube hat"!

Wie wurden da die beiden Männer froh an ihrem starken Herrn! Mochte der Teufel wüten und sie ins Gefängnis bringen. Es galt doch: „Daß Jesus siegt, bleibt ewig ausgemacht, / sein wird die ganze Welt . . ."

Solche Erfahrungen mit Jesus machen unendlich reich. Gewiß, wir brauchen solche Erfahrungen nicht notwendig. Denn wir wissen bestimmt vom Siege Jesu seit seiner Auferstehung. Aber der Herr schenkt seinen Jüngern je und dann solche Freuden. Und darüber werden sie froh — mitten in den Anfechtungen. Wenn alle unter uns, die Jesus angehören, jetzt solche herrlichen Erfahrungen mit Jesus auspacken wollten — wir kämen alle ans Anbeten und Loben.

3. „ . . . a l s   d i e   U n b e k a n n t e n   u n d   d o c h   b e k a n n t . . ."

Paulus sagt von den beiden Männern, sie seien „berühmte Apostel". Das nimmt uns wunder. Denn — wer kennt schon ihre Namen? Ich glaube, daß selbst Theologiestudenten kaum wüßten, wer Junias und Andronikus sind.

Nun, wir dürfen diese Bezeichnung nicht so oberflächlich verstehen.

Wenn wir „Apostel" sagen, dann denken wir vor allem an die Jünger, die um Jesus her waren. Zu denen allerdings gehörten die beiden nicht. Aber in einem weiteren Sinne wurden in der ersten Christenheit wohl oft auch diejenigen Apostel genannt, die den auferstandenen Herrn mit Augen gesehen hatten. Solcher Leute gab es viele Hundert, wie wir in 1. Korinther 15 lesen. Dazu gehörten also unsere beiden.

Aber nun werden sie „berühmte" Apostel genannt. Das müssen wir nicht im Sinne der Welt und ihrer „Berühmtheiten" verstehen. Wörtlich heißt es: „Sie sind ausgezeichnet unter den Aposteln." Ich verstehe das so, daß Jesus sie ausgezeichnet hatte vor anderen. Vielleicht hat er nach seiner Auferstehung ein wichtiges Gespräch mit ihnen gehabt. Vielleicht hat er ihnen besondere Aufträge gegeben.

Da sind wir bei etwas Wichtigem: Diesen Leuten lag nicht daran, in der Welt einen Namen zu haben. Solche „Berühmtheit" war ihnen gleichgültig. Aber — daß sie bei Jesus einen Namen hatten, daß er sie kannte, daß er ihnen Aufträge geben konnte — daran lag ihnen. Liegt auch uns an einem solch besonders innigen Verhältnis zu dem Auferstandenen?

Ein wertvoller Einblick in die urchristliche Gemeinde

„Grüßet Amplias, meinen Lieben in dem Herrn." Römer 16, 8

Vor kurzem ging ich durch ein Heim, in dem junge Bergleute wohnen. In einer Stube waren ein paar junge Männer versammelt. Als ich hereinkam, sagte einer voll Grimm: „Pfarrer sind Sie? Sie kommen gerade recht. Sehen Sie mal meinen Lohnzettel! Da hat man mir drei Mark für Kirchensteuer abgezogen. Darüber sprechen wir gerade!"

„Nun", erwiderte ich, „wenn Ihnen diese Kirchensteuer lästig ist, dann gibt es ein einfaches Mittel, ihr zu entgehen: Treten Sie doch aus der Kirche aus!"

Erstaunt sah er mich einen Augenblick an. „Aus der Kirche austreten? Nein, das kommt nicht in Frage! Denn sehen Sie — ich werde ja mal heiraten. Und dann werde ich Kinder haben. Und wenn die Kinder mal nicht konfirmiert sind, dann werden sie schief angesehen . . ."

Ich war erschüttert. Wie dünn sind die Fäden, die den Menschen von heute mit seiner Kirche verbinden! Dieser junge Mann ist ja nicht eine Ausnahme. Das ist bedrückend. Da stimmt etwas nicht!

Wie anders war es bei der urchristlichen Gemeinde! In ihr war das Christentum nicht eine leere Form, sondern Geist und Leben. Das zeigt unser heutiger Text.

1. Der arme Amplias

„Grüßet Amplias, meinen Lieben in dem Herrn." Dies kurze Sätzlein zeigt uns eine ganze Lebensgeschichte.

„Amplias" war ein Name, den man mit Vorliebe den Sklaven gab. Ich erinnere mich aus meiner Jugend, daß in meiner Heimat Frankfurt am Main viele reiche Leute in ihrem Haushalt Diener hielten. Und da war es üblich, daß man solch einen Diener „Johann" nannte, auch wenn er einen ganz anderen Namen trug. Der Johann war eben der Diener.

So ähnlich stand es im alten Rom mit dem Namen Amplias. Das war der Name für einen Sklaven.

Und wenn wir nun trotzdem noch einen Zweifel daran hätten, daß der Amplias wirklich ein Sklave war, so kann uns dieser Zweifel genommen werden durch die Form, wie Paulus ihn grüßen läßt. Der Apostel zählt ja hier eine Menge Namen auf. Und bei fast allen erwähnt er irgendeine Tätigkeit im Rahmen der christlichen Gemeinde. Da steht, daß Maria viel Mühe und Arbeit mit ihm hatte; daß Aquila und Priscilla seine Gehilfen im Dienste Jesu sind; daß die Persis viel in dem Herrn gearbeitet hat ... Aber bei dem Amplias findet sich nichts Derartiges. Er konnte seine Zeit nicht in den Dienst Jesu stellen; denn seine Zeit gehörte seinem Herrn, der ihn als seinen Sklaven gekauft hatte.

Kurz, ich habe keinen Zweifel daran, daß Amplias ein leibeigener Knecht war.

Damit wissen wir viel über diesen Jesusjünger. Die Sklaven standen in Rom auf der untersten Stufe der sozialen Schichtung. Sie waren auf Gnade und Ungnade ihren Herren ausgeliefert. In den reichen Häusern wurden Scharen von Sklaven gehalten. Es kam auf einen nicht an. So wurden sie oft grauenvoll ausgenützt, sittlich mißbraucht, sie waren ein Spielball aller Launen. Wir wissen, daß es schließlich in Rom zu schrecklichen Sklavenaufständen kam, in denen die Verzweiflung der Gequälten sich schauerlich Luft machte.

Amplias war solch ein armer Sklave. Wie war er es wohl geworden? Wir wissen es nicht. In jedem Fall steckt auch eine furchtbare, traurige Geschichte von viel Elend und Leid dahinter. Amplias gehörte zu den Elendesten in Rom.

2. Aber er gehörte auch zur Gemeinde Jesu Christi

„... meinen Lieben in dem Herrn." Mit einiger Phantasie kann man sich ausmalen, wie es dazu kam:

Von irgendeinem anderen Sklaven hört der Amplias von den Versammlungen der Christen. Eines Abends schleicht er sich aus dem Hause. Was er über die Christen gehört hat, läßt ihm keine Ruhe. Und nun erlebt er ein Wunder. Freundlich nimmt man ihn auf. Keiner stößt sich an seinem Sklavengewand.

Und dann hört er zum erstenmal die Christen singen. Das Lied der Christen ist ja etwas Besonderes. Wo die Botschaft von der Gnade Gottes in Jesus hinkommt, fängt man an zu singen. Und es gibt keine andere Bewegung in der Welt, die einen solchen Reichtum an Liedern hervorgebracht hätte. Schon in der ersten christlichen Gemeinde erklang das Jesuslied. Wie wird es das Herz des armen Sklaven angerührt haben!

Und dann hörte er die Botschaft. Wie mag wohl einem Leibeigenen zumute sein, der es zum allerersten Male hört: „Gott hat dich lieb. Er hat es bewiesen. Also hat Gott die Welt geliebt, daß er seinen eingeborenen Sohn gab ..."

Atemlos lauscht der arme Amplias. An jedem Tag hat man ihm bisher deutlich gemacht: Du bist wertlos! Du bist lediglich eine Ware. — Und nun diese Botschaft: Du bist dem lebendigen Gott so viel wert, daß er seinen Sohn für dich hingab! Unfaßbar herrlich! Dem armen Sklaven wird das Herz weit. Wenn er das Lied gekannt hätte, hätte er gesungen: „Wem anders sollt ich mich ergeben, / o König, der am Kreuz verblich ..."

So war es wohl, als Amplias zur Gemeinde Jesu Christi kam. Und hier wurde der arme Sklave ein so vollwertiges Mitglied, daß wir heute, nach 2000 Jahren, seinen Namen in der Liste der ersten Christen finden.

Nun schaue ich mir die heutigen Christengemeinden an und frage: Wo sind bei uns die Ampliasse? Wo sind die Armen? Die Heimatlosen? Die Elenden? Die Entrechteten? Jawohl, sie suchen uns Pfarrer auf, um eine Unterstützung zu bekommen. Aber — wo sind sie in unseren Gemeinden? Und wo sind die Arbeiter? Ach, es stimmt etwas nicht in unserer bürgerlichen Kirche.

Und dabei war es einmal ganz anders. Paulus schildert die erste Christenheit so: „Nicht viel Weise nach dem Fleisch, nicht viel Gewaltige, nicht viel Edle sind berufen ... Das Verachtete hat Gott erwählt."

Die Bibel will nicht sagen, daß die Christenheit unter allen Umständen eine Kirche der Armen sein soll. Aber das sagt sie: Die Christenheit ist krank, wenn in den Gemeinden nicht der Amplias neben dem Aquila sitzt, sie ist krank, wenn ganze soziale Schichten — wie bei uns die Arbeiter — den Weg zu der Gemeinde Jesu nicht mehr finden. Das geht nicht nur die Pfarrer an, sondern alle Christen. Es muß uns bedrücken, daß die Ampliasse neben uns fehlen.

3. Der arme Sklave war in der Gemeinde zu Hause

Es ist etwas Überwältigendes, daß der bedeutende Apostel Paulus in diesem gewaltig großen Römerbrief einen besonderen Gruß für den armen Sklaven hat. Diese ersten Christen hatten keine sozialen Programme. Hier entstand einfach eine neue Welt. Da haben wir viel zu lernen. Wir wollen zunächst einmal feststellen: Paulus hat diesen kleinen Sklaven nicht übersehen. In dieser ersten Christenheit s a h man den Bruder, auch den armen Bruder.

Als Gott die furchtbaren Plagen über Ägypten schickte, von denen wir im Alten Testament lesen, war eine der Plagen eine Finsternis, „daß niemand den anderen sah". Ich meine, diese Finsternis sei immer noch in der Welt. Es ist jeder mit sich beschäftigt. Man sieht den Bruder und seine Not nicht mehr. Doch dort in Ägypten war es so: „Aber beim Volke Gottes war es licht in den Wohnungen." Da sah man einander. So war es in der urchristlichen Gemeinde licht. Der große Paulus sah den Sklaven in seiner Bedrängnis und trug seine Last mit.

Er sah ihn nicht nur. Er liebte ihn.

Das klingt fast unglaublich. Was in aller Welt konnte den gelehrten Paulus, diesen umfassenden Geist, verbinden mit dem Sklaven, dessen Leben im dumpfen Alltag verging!

Unser Text sagt es: Jesus Christus! Vielleicht hatte Paulus keine natürliche Liebe zu diesem armen Kerl. Aber er nennt ihn „meinen Lieben in dem Herrn".

Die wahre Gemeinde der Gläubigen ist der Leib Jesu Christi. Dieser Leib will werden und wachsen. Das ist ein geheimnisvolles Drängen und Reifen. Und das treibt einen Paulus und einen Amplias zusammen.

Dieser Leib Christi ist immer noch im Werden. Und ich möchte nicht müde werden zu beten: „Rausche unter uns, du Geist des Lebens, / daß wir alle auferstehn. / Laß uns nicht geweissagt sein vergebens, / deine Wunder laß uns sehn!"

Die Asphaltblüte im Garten Gottes

„Grüßet Urban, unsern Gehilfen in Christo."   *Römer 16, 9*

Nach den letzten Predigten ist mir öfter gesagt worden: „Lieber Pastor Busch! Bei diesen kurzen Texten legst du mehr hinein, als drinsteht." Darauf kann ich nur entgegnen: „Ich fürchte, wir holen aus dem Worte Gottes immer zu wenig heraus. Laßt es euch nicht verdrießen, diese kurzen Bemerkungen der Bibel aufs genaueste zu untersuchen!"

Heute ist ein Mann an der Reihe, der uns Großstädtern nahesteht. Ich glaube, daß er eine richtige Großstadtpflanze war; wahrscheinlich war er sogar das, was wir eine „Asphaltblüte" nennen.

1. Der Name verrät viel

„Urbanus." Das ist eigentlich gar kein Name, sondern ein Eigenschaftswort. Und das bedeutet in der römischen Sprache: „einer, der nach Rom gehört" — „der für die Weltstadt Rom paßt". Dann bekommt es die Bedeutung: „witzig", „dreist", „unverschämt", „schnoddrig". Wenn man also zu einem jungen Burschen sagte: „Du bist richtig urbanus" — dann hieß das :„Du bist eine richtige Asphaltblüte, mit allen Wassern gewaschen, eine richtige freche Großstadttype."

Daran merkt ihr schon, daß Urbanus ursprünglich gar kein Name ist, sondern ein Spitzname oder eine Typenbezeichnung. Nun können wir uns also diesen Urban vorstellen. Der Name blieb an ihm hängen, auch als er Christ geworden war. Und durch ihn ist der Name in die Christenheit eingeführt worden, daß sogar später Päpste sich nach ihm nannten.

Der Urban war also nicht — wie der Andronikus — aus dem Volke Israel nach Rom eingewandert. Nein! Er war hier großgeworden. Er kannte alle Vergnügungsstätten und Lasterhöhlen. Er kannte alle Gassen und Winkel der Weltstadt.

Und diese Type wurde ein Eigentum Jesu! Er erfuhr unter dem Kreuz Jesu eine durchgreifende Veränderung. Wie mag das ehrbare Ehepaar Aquila und Priscilla erschrocken sein, als dieser Urban auftauchte in der Gemeinde Jesu!

Man hört heute so oft den Satz: Wir Christen müssen alles mitmachen, um zu beweisen, daß wir in die Welt hineinpassen. Nun, diesen Beweis brauchte der Urban nicht anzutreten. Das glaubte diesem Dandy jeder sofort, daß er in die Welt hineinpaßte. Dem Urban lag aber daran nichts mehr. Ihm war es jetzt ein Anliegen geworden, in das Reich Gottes hineinzupassen.

Mir werden hier zwei Wahrheiten groß:

a) Viele lehnen das Evangelium ab, weil sie — wie sie sagen — nicht religiös veranlagt seien. Nun, der Urban war bestimmt nicht religiös veranlagt. Aber der Sohn Gottes ist ja nicht für die „religiös Veranlagten" gekommen. Er sagt, er sei in die Welt gekommen, „zu suchen und selig zu machen, was verloren ist". Dazu rechnete sich dieser Urban mit Recht. Was ist das doch für eine frohe Botschaft für alle Urbans aller Zeiten und aller Großstädte!

b) Für einen Pfarrer wäre dieser Urban bestimmt ein hoffnungsloser Fall gewesen. Aber für Jesus gibt es keine hoffnungslosen Fälle. Während er noch in der Großstadt unterging, stand schon über ihm die leuchtende Wahrheit: „Jesus starb für dich!" Diese rettende Wahrheit steht über allen verlaufenen und verlorenen Kindern dieser Welt — auch über uns.

Nun möchten wir alle gern wissen, wie es zu der Bekehrung dieses Urban kam. Das erfahren wir nicht. Vielleicht habe ich etwas Verkehrtes gesagt, als ich vermutete, der ehrbare Aquila sei erschrocken über den Urban. Vielleicht haben der Aquila und seine Priscilla dem Urban vom Heiland gesagt — vielleicht haben sie ihn aus der Welt herausgebetet — —.

2. Die Vielgestaltigkeit im Reiche Gottes

Wir singen oft: „... Verleihe, daß zu deinem Ruhm / ich deines Gartens schöne Blum' / und Pflanze möge bleiben." Es ist so wichtig, daß wir wirklich durch eine gründliche Wiedergeburt eingepflanzt werden in den Garten Gottes. Wenn das aber geschieht, dann werden wir bald merken, daß dieser Garten — wie jeder schöne Garten — die verschiedenartigsten Pflanzen enthält.

Da grüßt nun der Apostel Paulus den Urban.

Wie verschieden waren diese beiden Männer in ihrer Geschichte und in ihrem Charakter: Paulus, der strenge Pharisäer, aufgewachsen in der Furcht Gottes — Urban, großgeworden in Rom, wo man tausend Götter verehrte und keinen ernst nahm. Paulus, der gewaltige Geist — Urban, dessen geistiger Horizont an den Grenzen Roms zu Ende war. Paulus, der einst so Selbstgerechte — Urban, der durch alle Tiefen der Weltstadt ging. Welche Gegensätze sind das! Aber nun gehören sie zusammen in Christus. Ja, Paulus bezeichnet den Urban mit „unser Gehilfe in Christo".

Solch eine Spannweite hat Gottes Reich auf Erden. Mir ging das neu auf, als ich vor einiger Zeit eine Evangelisation in einer süddeutschen Stadt hatte. Vierzig junge Männer aus unserer Jugendarbeit waren meine „Gehilfen in Christo". Sie sangen durch die Straßen, luden in Sprechchören ein und halfen mir beten. Und ich redete in unserem Großstadtjargon. Da waren die gläubigen Brüder zuerst entsetzt und

wandten ein: „So kann man doch nicht das Evangelium predigen!"
Aber als sie sahen, wie Gott Gnade gab, wie Tausende herzuströmten
und wirklich hörten — da erkannten sie die Weite des Reiches Gottes
und traten mit ihren Gebeten an meine Seite.

Paulus und Urban — beide gehören zusammen „in Christo". Natür-
licherweise fielen sie sich gewiß auf die Nerven. Wir merken davon
sogar etwas im Text: Die Leute vorher und nachher nennt Paulus
„meine Lieben". Das sagt er bei Urban nicht. Und doch gibt er ihm
den Beinamen „unser Gehilfe".

Daß wir einen Blick bekämen für diese Weite des Reiches Gottes!
Allerdings — e i n e Grenze ist da, wo die Gemeinschaft aufhört:
Nur wer „in Christo" ist, wer im Glauben sich entschieden hat, sich
diesem Mann von Golgatha zu ergeben, gehört dazu. Gottes Garten
hat viele Pflanzen. Aber man muß eben eingepflanzt sein in diesen
Garten. Von Natur sind wir nicht darin. Eine klare Entscheidung ist
notwendig.

3. Der Aktivist

Wenn ich euch grüßen ließe in einem Brief, müßte ich bei den meisten schreiben: „Grüßet X Y, meine treuen Predigthörer." Das ist ja
schon viel. Aber was vom Urban gesagt ist, ist mehr: „Mitarbeiter
in Christo."

Als der Herr Jesus dies verlorene Schäflein gefunden hatte, hat der
Urban bestimmt gierig dem Worte Gottes zugehört. Aber er hat mehr
getan. Er wurde ein Streiter Jesu Christi. Er kannte das Reich der
Finsternis. Und er wußte: Das kann ich jetzt nicht dem Paulus allein
überlassen, in diese Dunkelheit die gewaltige Fackel der Wahrheit
zu tragen. Da will ich doch auch mein Kerzlein anstecken und mein
Licht leuchten lassen.

Wie wird uns zumute? In der Jugendarbeit kennt man die Aktivität
der Christen. Aber bei den Älteren?!

Ein Freund aus der Schweiz sandte mir ein Bild von Admiral Coligny,
dem Führer der französischen Hugenotten. Dies Bild steht auf mei-
nem Schreibtisch. Immer wieder fiel bei der Predigtvorbereitung mein
Blick darauf. Dieser Mann hatte eine Leidenschaft: Gottes Reich und
Ehre. Das riß ihn ins politische Leben, das ließ ihn auch falsche
Schritte tun, das kostete ihn das Leben in der Bartholomäusnacht.
Und doch — wie groß steht so ein Coligny oder der Gehilfe des
Paulus neben den Christen unserer Zeit, die nur das Ihre suchen,
während eine Welt in Flammen steht!

Eine herrliche Gemeinde

„Grüßet Stachys, meinen Lieben."   Römer 16, 9b

Der Stachys hat mir reichlich Kopfzerbrechen gemacht. Was war das
für ein Mann? Von den meisten Leuten, die Paulus im Römerbrief
grüßen läßt, weiß er etwas Großartiges zu sagen. Der eine hat „seinen
Hals dargegeben", der andere ist der „Erstling in Achaja", der dritte
ist ein „Mitarbeiter in Christo". Von Stachys aber sagt er nur: „mein
Lieber". Der war also offenbar ein sehr kümmerlicher Bruder, von
dem mit dem besten Willen nicht mehr zu sagen war als: „mein
Lieber".

Andererseits: In den späteren Versen zählt Paulus eine ganze Reihe
der römischen Christen bloß noch mit Namen auf: „Grüßet Asynkri-
tus, Phlegon, Hermas, Patrobas ..." In dieser Reihe nennt er den
Stachys nicht. Er nimmt ihn gleichsam aus der Menge heraus und
nennt ihn: „mein Lieber". Warum?

Vielleicht war dieser schlichte Stachys ein Mann, an dem die Gnade
Jesu sich besonders erzeigte, daß er wirklich ein Christ war, wie man
ihn sich wünscht, ein Mann, den man lieb haben mußte. Vielleicht
auch war der Stachys ein besonders schüchterner und ängstlicher
Mann, der sich nur zögernd zur Gemeinde hielt. Und durch diese
Hervorhebung wollte Paulus ihm Mut machen, indem er ihm gleichsam sagte: „Du gehörst zu uns, und wir haben dich besonders lieb."

Nun, ich weiß das nicht. Das Bild des Stachys tritt nicht klar hervor.
Aber an ihm wird etwas anderes deutlich: nämlich die Herrlichkeit
der urchristlichen Gemeinde. Und das möchte ich euch heute zeigen.

1. Sie hat alte Vorurteile über Bord geworfen

Ein wenig wissen wir nun doch von dem Stachys: Er kam aus der
griechisch-römischen Heidenwelt. Der Name ist griechisch. Nun ist
uns bekannt, wie stark die Trennung zwischen den Leuten aus dem
Volke Israel und den Heiden war. Ängstlich hüteten sich die ernst-
haftesten Männer aus Israel vor einer Berührung mit einem Heiden.
Ihr erinnert euch an die Geschichte aus Jesu Passion: Als die Ältesten
den Herrn vor den römischen Landpfleger Pilatus schleppten, gingen
sie nicht in das römische Richthaus, „auf daß sie nicht unrein würden". Zu diesen ängstlichen Leuten hatte damals auch der strenge
junge Pharisäer Saulus gehört. Was hätte der damals wohl gesagt,
wenn man ihn mit dem Römer Stachys hätte zusammenbringen wollen!

Und nun? Nun nennt er ihn herzlich: „mein Lieber". Seht, da ist etwas neu geworden; da sind Vorurteile über Bord geworfen, Zäune abgebrochen worden. Im 2. Kapitel des Epheserbriefes spricht Paulus davon, wie Jesus den Zaun zwischen Juden und Heiden abgebrochen hat. Paulus sagt: „Denn er ist unser Friede, der aus beiden eines gemacht hat und hat abgebrochen den Zaun, der dazwischen war."

Das ist ein Kennzeichen lebendiger Christen, daß sie die Vorurteile der Weltmenschen beiseiteschieben. Die Welt richtet ja immer neue Zäune auf. Da gibt es Standesvorurteile: Ein Oberschüler will besser sein als ein Lehrling. Da gibt es Klassengegensätze: Der Arbeiter haßt den Beamten, der einen Kragen bei der Arbeit trägt. Da sind die Rassengegensätze: Wie dünkt sich der Weiße erhaben über den Farbigen! Da denken wir an den hohen Zaun zwischen Ost und West. Ja, unsere Zeit ist groß im Zäuneaufrichten.

All diese Zäune werden in Jesus abgebrochen. Die Bibel sagt: „Hier ist nicht Jude noch Grieche, hier ist nicht Mann noch Weib ..." Ein Mensch, der Jesus zu eigen geworden ist, kann im andern immer nur einen Menschen sehen, für den Jesus auch starb. Und wenn dieser andere gar an den Herrn gläubig wurde, dann ist er „lieber Bruder" — ganz gleichgültig, was er sonst noch sein könnte. Es ist etwas Herrliches um diese Vorurteilslosigkeit der Gemeinde Jesu!

2. Sie trägt in Liebe die Schwachen

Der Apostel Paulus hat seine Briefe meist diktiert. Nun sehe ich ihn im Geiste vor mir, wie er am Schluß dieses gewaltigen Römerbriefes die Grüße diktiert. Da kommt er an Stachys. Er zögert. Was soll er an ihm loben? Es fällt ihm einfach nichts ein: Der Stachys ist arm. Er kann nicht eine Wohnung zur Verfügung stellen wie Aquila. Er kann nicht gut reden, darum kann man ihn im Missionsdienst nicht verwenden. Er ist nicht besonders mutig, darum ist er nicht hervorgetreten auf dem heißen Boden Roms. Nein! Es ist nichts von ihm zu sagen!

„Grüßet Stachys ...", hat Paulus diktiert. Sein Mitarbeiter — so male ich es mir aus — wartet mit erhobener Feder. Paulus zögert. Der Mitarbeiter denkt: „Was wird nun kommen? Wird Paulus fortfahren: ‚... der Stachys soll mal ein bißchen mehr tun für Jesu Sache?' Oder wird er diktieren: ‚Grüßet Stachys, den armen Kümmerling!'" Da fährt Paulus fort: „Schreibe: ‚Grüßet Stachys, den ich lieb habe.'" Das ist etwas Großes. Es gibt in der Gemeinde Jesu nicht ein „Soll" von Leistungen, die erfüllt werden müssen. Es gibt nicht tüchtige Paulusse und arme Versager wie den Stachys. Ach nein! Vor dem Herrn sind wir alle arme Versager. Und wenn Jesu Blut uns nicht gerecht machte vor Gott, wären wir alle verloren. Es heißt bei allen: „Nichts hab' ich zu bringen — alles, Herr, bist du." Hier darf nicht einer den anderen richten. Hier darf nicht einer vor dem anderen mit seinen Verdiensten prunken.

Und darum kann die Gemeinde Jesu auch die Verzagten und die Schwachen und die Kümmerlichen tragen.

Jetzt habe ich es falsch gesagt: Der Herr Jesus trägt die Armen und Schwachen und Kümmerlichen. Er sagt zu ihnen: „Ich habe dich lieb." Er tröstet sie: „Fürchte dich nicht, denn ich habe dich erlöst, ich habe dich bei deinem Namen gerufen, du bist mein." Der Herr sagt selbst im Propheten Hesekiel: „Ich will des Schwachen warten. Aber was stark ist, will ich vertilgen." Welch ein Wort!

Da können die Stachysse, die mit so leeren Händen dastehen, die so gar nichts aufzuweisen haben als das eine, daß sie ein Verlangen nach Jesus haben — da können sie aufatmen.

Im Reiche Gottes ist alles nur Gnade und Geschenk. Und wenn wir mehr tun dürfen als Stachys, dann ist auch das nur Geschenk und Gnade unseres Heilandes.

3. Hier ist die Hauptfrage die Hauptfrage

Als junger Pfarrer war ich mit einem sehr tüchtigen jungen Lehrer befreundet, der neben seinem Schuldienst den philosophischen Doktor machte. Als der einmal über das Christentum abfällig redete, sagte ich: „Lesen Sie nur mal den Römerbrief." Nach vier Wochen erklärte er: „Das verstehe ich gar nicht." — „Sehen Sie", erwiderte ich, „dazu sind Sie zu dumm."

Und nun muß ich euch sagen: Der Stachys und seine Freunde in Rom verstanden diesen Brief, der mit diesen Grüßen schließt.

Wie kam das, daß der arme Stachys ihn verstand? Weil er sich mit der Frage des Römerbriefes herumschlug: Wie bekomme ich Frieden mit Gott?

Vor einem christlichen Treffen hingen an allen Plakatsäulen Schilder mit der Botschaft: „Gott lebt!" Nun ja, das war ein schönes Zeugnis. Aber ich bin doch bekümmert, daß man etwas so Selbstverständliches plakatieren muß. Das könnte ja ein Mohammedaner ebenso sagen: „Gott lebt!"

Ich finde, die Frage, um die es allen unruhigen Gewissen geht, ist: Wie bekomme ich F r i e d e n mit diesem Gott? Die Frage behandelt Paulus im Römerbrief. Und weil der armselige Stachys diese Frage im Herzen hatte, verstand er das. Wie verlangend hörte er wohl den Römerbrief, in dem Paulus ausführt, wie wir durch den Glauben an den gekreuzigten Sohn Gottes Vergebung der Schuld bekommen und einen ganz neuen Geist, daß wir Kinder Gottes werden!

Und wenn ich das überlege, dann denke ich: Es wäre gut, wenn wir viele Stachysse in der heutigen armen Christenheit hätten!

Ein Bewährter in Christo

„Grüßet Apelles, den Bewährten in Christo."   *Römer 16, 10a*

Vor kurzem wurde ein junger Ingenieur, der in meiner Jugendarbeit mitgeholfen hatte, nach München versetzt. In solchen Fällen pflegen wir den dortigen Christen Nachricht zu geben. „Da kommt einer! Kümmert euch um ihn, daß er in der Großstadt nicht untergeht!" Bei diesem jungen Mann kam ich keinen Augenblick auf den Gedanken, dies zu tun. Ich hatte keine Sorge um ihn. Und richtig! Nach einigen Wochen kam die Nachricht: In seinen wenigen Freistunden kümmert er sich um die Jungen in einem Lehrlingsheim und arbeitet dort in großem Segen.

In meinen 30 Amtsjahren habe ich zwei Sorten von Christen kennengelernt: Die einen sind Leute, um die man sich immer sorgen muß, bei denen man immer Angst haben muß, daß sie wieder umfallen. Es sind Leute, die immer jammern, daß man sich nicht genug um sie kümmere; daß noch kein Pfarrer sie besucht habe. Wem soll ich solche Christen vergleichen? Ich sah auf einem Schlachtfeld einen Verwundeten, der, von zwei Gesunden gestützt, in die Verbandsstelle wankte. So kommen solche Christen vielleicht auch in das Reich Gottes — doch immer gestützt.

Aber dann gibt es eine andere Sorte. Die Bibel nennt sie „Pfeiler im Hause Gottes". Pfeiler stehen fest und tragen viele schwächere Steine. Paulus nennt den Apelles einen „Bewährten in Christo". Ich denke, er war — wie der junge Ingenieur — so ein „Pfeiler im Hause Gottes". Es tut uns gut, von solchen Leuten zu lernen.

1. Was bedeutet das?

„Grüßet Apelles, den Bewährten in Christo." Wenn wir das hören, haben wir das Gefühl: Das war ein Mann, auf den man sich verlassen konnte. So wie sich im Krieg ein Kommandeur auf einen bewährten Obergefreiten verlassen konnte.

Nun frage ich: Will Paulus wirklich dies sagen? Will er sagen: Apelles ist ein Mann, auf den man sich verlassen kann? Will er den Apelles zu so einer Art von christlichem Ritterkreuzträger stempeln? Ich glaube nicht.

Wer soll sich denn auf ihn verlassen? Die Menschen? In meiner Bibel steht: „Verflucht ist, wer sich auf Menschen verläßt." Das Wort kannte Paulus. Und er hat ganz bestimmt nicht sagen wollen: Beim Apelles könnt ihr eine Ausnahme machen. Der ist doch ein ganzer Kerl!

Oder wer sollte sich auf den Apelles verlassen können? Etwa Gott? Das widerspräche der ganzen Bibel. Vor Gott sind wir alle Versager.

Was soll dann dieser Ausdruck heißen: „ein Bewährter in Christo"? Ich will es ganz genau sagen:

Ein Bewährter in Christo ist nicht ein Mann, der beweist, daß man sich a u f i h n verlassen kann. Sondern er ist ein Mann, der beweist — mit seinem ganzen Leben —, daß man sich a u f J e s u s verlassen kann. Der Apelles hat es in jeder Lage seines Lebens exerziert, daß man sich auf Jesus verlassen kann.

Das ist die wahrhaft christliche Bewährung. Darum lesen wir von Paulus nach seiner Bekehrung: „Paulus bewährte es, daß Jesus ist der Christus Gottes."

Seht, die Menschen unserer Tage fühlen sich im Wirbel der ungeheuren Mächte so verloren. Sie sehnen sich sehr nach etwas Wirklichem, Festem, Bergendem. Aber sie glauben es keinem Menschen mehr, daß er wirklich um so etwas wüßte. Auch der Kirche gegenüber sagen sie: „Ach, ihr habt doch auch nur Reden und Reden und Geschwätz." Leider haben sie weithin recht. Aber darum hungert unsere Zeit nach Apellessen, die einfach in ihrem Alltagsleben den Beweis führen, daß die Sache mit Jesus eine sehr handfeste Wirklichkeit ist; daß seine Erlösung am Kreuz eine wirkliche Erlösung ist; daß sein Geist ein kräftiger und neumachender Geist ist; daß man ein Leben mit dem Auferstandenen in allen Dingen führen kann. Kurz, daß man sich auf Jesus verlassen kann.

2. Worauf läßt diese Bezeichnung schließen?

Der große Schriftausleger Bengel schrieb vor 200 Jahren zu diesem Paulusgruß: „Ein Bewährter in Christo! Ein unvergleichliches Beiwort! Der Mann muß rechte Proben abgelegt haben." Das glaube ich auch.

Und nun drängt sich uns die Frage auf. Warum müssen denn eigentlich gerade die ernstesten Jünger Jesu in solche Proben und Kämpfe hinein? Das kann natürlich ein Fernstehender gar nicht begreifen, weil er in seiner Blindheit ja nur die Oberfläche der Welt sieht, aber nicht ihre Hintergründe. Die Bibel sagt uns: Wenn ein Mensch sich von Herzen zu dem gekreuzigten Sohne Gottes bekehrt, dann hat er damit nicht eine „religiöse Überzeugung" angenommen, sondern er ist vom Tode zum Leben durchgedrungen; er ist aus seinem alten Leben, das in die Hölle führte, in Gottes Reich eingetreten; er ist der Macht Satans entronnen und unter die Macht Jesu gekommen.

Nun ist es doch klar, daß Satan alles daransetzt, solch einen Menschen zurückzugewinnen. Das ist der Grund für die Proben und Kämpfe. Und warum läßt unser himmlischer Vater das zu? Weil nur unter solchen Kämpfen wir ganz zerbrochen werden in unserem Herzen; weil wir darüber ganz an uns selbst verzweifeln. Und so lernen wir, unsere Hoffnung ganz auf Jesus zu setzen.

Wie wird der Teufel dem Apelles zugesetzt haben! Der kam aus der griechisch-römischen Kulturwelt. Er kannte den Glanz, die Freuden und Zerstreuungen dieser Welt. Wie oft mag es ihn da nach seiner Bekehrung gelockt haben: „Komm! Sei kein Frosch! Stürze dich in den buntfarbigen Wirbel und laß den traurigen Mann am Kreuz!"

Und wenn Apelles diese Probe bestanden hatte, indem er fest die Hand Jesu ergriff und seine ewige Erwählung glaubte, dann setzte die Verfolgung ein. Rom war ein heißer Boden. Apelles hat seine Brüder sterben sehen — um Jesu willen. Vielleicht stand er selbst vor Gericht, wo es um Leben und Tod ging. Da sah er auf den Mann am Kreuz, glaubte fest, daß er erkauft sei für Gott. Und dann lehnte er es ab, seinen Christenstand zu widerrufen.

Oder es überfielen ihn die Alltagssorgen und die Einsamkeit. Da höhnte Satan: „Wo ist nun dein Heiland?" Aber Apelles wagte es, fest mit Jesus zu rechnen, und — er ward nicht enttäuscht.

Es gibt ein schönes Wort von Jakobus, daß ein Mann, wenn er bewährt ist, die Krone des Lebens davonträgt. Unsere Väter sagten: „Um einen ew'gen Kranz dies arme Leben ganz." Und von Zinzendorf gibt es zu diesem Wort einen schönen Vers: „Wenn ein Streiter,

der in seinem Panzer / ehrsam grau geworden ist, / der Erfahrung
nach auch immer ganzer / und gewöhnt an Jesum Christ, / endlich
teilhaft wird vor Gottes Throne / der ihm zugedachten Ehrenkrone, /
wirft sein Patriarchenblick / Scham und Dank und Freud zurück."

3. Apelles braucht nicht unsere Bewunderung, sondern unsere Nachahmung

Und nun schaue ich unseren lahmen Christenstand an. Ich habe oft
Angst, ob auch nur einer von uns selig wird. Da fehlt es ja an allem:
an gründlichem Erschrecken über unsere Sünde, an einer tiefgreifen-
den Bekehrung, an einer durchdringenden Erfahrung der Vergebung
der Sünden, an gehorsamer Nachfolge und einem glaubensmäßigen
Bestehen der Proben. Ich muß uns noch einmal einen Vers von Zinzendorf zurufen: „Auf, Seele, auf / und hurtig fort im Lauf! / Auf
Jesum zu! Sonst findest du nicht Ruhe. / O Christenmensch, wirf weg
die Kinderschuhe / und tritt den Kampf bei deines Herzogs Fahn' /
fein männlich an!"
„Apelles, der Bewährte." Wenn wir so etwas hören, dann entfällt
uns der Mut, und wir denken: „So etwas wird man von mir nie
sagen können!" Ja, warum denn nicht?!
Gewiß, wenn es auf uns ankommt, dann werden wir nie so glauben
können. Aber wie ist es denn mit unserem Gott? Seht, ein Handwerker — ein Schuhmacher zum Beispiel — kann nur dann etwas Rechtes schaffen, wenn er ausgezeichnetes Material hat. Sonst kann er
keine guten Schuhe herstellen. Unserem Gott aber gefällt es, mit dem
schlechtesten Material zu arbeiten. Sein Geist kann aus Sündern, aus
Selbstgerechten, aus schwankenden Gestalten lauter „Bewährte in
Christo" machen.
Wer möchte da nicht dabeisein?! Die Voraussetzung ist nur: völlige
Hingabe an ihn, den Herrn Jesus Christus.

Namenlose Sklaven

„Grüßet, die da sind von des Aristobulus Gesinde."
Römer 16, 10b

Bei einer Arbeitsgruppe auf dem Kirchentag in Stuttgart wurde auch
über die Predigten gesprochen, die die Pfarrer heute halten. Bei die-

sem Thema wurden auf einmal alle sehr munter, und es kamen die bittersten Klagen, wie sehr unsere Predigten an der Zeit und ihren Nöten vorbeigehen. Oh, die Leute haben so unheimlich recht!

Was werdet ihr gar sagen, wenn ich heute über ein paar Sklaven sprechen will, deren Namen ich noch nicht einmal weiß — die vor 2000 Jahren gelebt haben — kurz, die in jeder Hinsicht weiter von uns entfernt sind als der Mond vom Sirius. Ist das nicht eine hoffnungslose Sache?!

Nun muß ich euch gestehen, daß mich diese namenlosen Sklaven tatsächlich mehr fesseln als irgendein moderner Massenmensch. Denn in ihrem Leben hat der lebendige Gott sich offenbaren können. Ihr armes Leben leuchtet noch heute von dem Glanz, der aus der Ewigkeit auf sie fiel. Das möchte ich euch zeigen.

1. Sie sind nicht ein Produkt ihrer Umgebung

Wir wissen: Millionen Menschen sind heute überzeugt, daß der Mensch ein Produkt seiner Verhältnisse und seiner Umgebung ist. Alle politischen und sozialen Heilslehren unserer Zeit gehen von dem Grundsatz aus: Verändert die Verhältnisse, dann wird auch der Mensch besser!

Ist das richtig? O gewiß! Der Mensch ist in erschreckender Weise ein Produkt seiner Umgebung. Darum kann heute ein einigermaßen erfahrener Mann behaupten: Wenn ich das Milieu eines Menschen kenne, kenne ich den ganzen Menschen. Er kann mit Sicherheit sagen, wie ein Hoteldirektor oder ein Arbeiter lebt. Er weiß ganz genau, was ein Industrieller, ein Lehrer oder ein Lehrling denkt über die Aufrüstung oder über die sexuelle Frage oder über das Christentum. Da ist bei keinem etwas Eigenes mehr. Sie sind alle von außen geformt und genormt.

Nun, dann kann man sich auch ohne Mühe vorstellen, wie solche Sklaven in des Aristobulus Hause waren. Wir wollen uns das einmal ausdenken: Sie lebten im Rom der Kaiserzeit, wo alle sittlichen Ordnungen sich auflösten; wo alle Religionen ihre Tempel hatten und keine ernst genommen wurde; wo eine hemmungslose Vergnügungssucht alles beherrschte; wo jeder gegen jeden intrigierte. In diesem Rom lebten sie.

Und weiter: Sie lebten in einem furchtbaren Hause. Aristobulus war ein Prinz aus dem jüdischen Herrschergeschlecht der Herodianer. Diese Familie war berüchtigt durch ihre blutigen Morde und ihre greulichen Ehebruchsskandale. Welch eine Umgebung!

Können wir uns vorstellen, wie Sklaven beschaffen sein mußten, die in dieser Umgebung lebten? Männer, die so viel Übles an ihren Herren sahen? Es ist doch klar, daß in ihrer dunklen sozialen Schichtung all dies Böse noch viel hemmungsloser zutage treten mußte als sonst irgendwo.

Und nun — man ist geradezu verblüfft, es zu entdecken — stellt sich heraus: Diese Leute sind eine Ausnahme von der Regel, daß der Mensch ein Produkt seiner Umgebung sei. Sie sind völlig anders. Der geheiligte Apostel Paulus grüßt sie nicht nur, sondern er schreibt ihnen: „Ich freue mich über euch." Er schreibt ihnen — und sie stimmen ihm zu: „Das Reich Gottes ist Gerechtigkeit und Friede und Freude in dem heiligen Geist."

Da entdecken wir eine große Sache: Ein richtiger Christ ist nicht mehr Produkt seiner Umgebung, sondern eine Schöpfung Jesu Christi und seines neuschaffenden Geistes. Darum sagt der 100. Psalm: „Er hat uns gemacht — und nicht wir selbst — zu seinem Volk und zu Schafen seiner Weide."

Christenstand — das sind nicht ein paar moralische Reparaturen an meinem armen Leben; nein, Christenstand ist, daß der dreieinige Gott etwas ganz Neues und Gnadenvolles an mir getan hat, ja, daß er sein Werk in mir hat. Christenstand — das bedeutet, daß nicht mehr die Welt und ihre Mächte und Gesetze mein Leben bestimmen, sondern daß Gott durch Jesus mich erwählt, berufen, erlöst, erkauft, gewonnen und erneuert hat — kurz, daß er mich zu seinem Volk hinzugetan und mich zu einem Schaf seiner Weide gemacht hat. Das wird an diesen herrlichen Sklaven sichtbar.

2. Sie haben den höchsten Stand

Ihr werdet es lächerlich finden, daß ich gerade dies an den Sklaven des Aristobulus zeigen will. Davon ist im Text nun wirklich nicht die Rede. Da steht doch nur, daß sie Sklaven waren. Und Sklave — das war der niedrigste Stand. Die sozialen Verhältnisse in Rom waren schrecklich. Und auf der u n t e r s t e n Stufe standen die Sklaven, von denen es in den reichen Häusern wimmelte. Jedes Rennpferd und jeder Rassehund waren wertvoller als ein Sklave. Das wird sogar im Text deutlich, wo es wörtlich heißt: „Grüßet die vom Aristobulus." Sie haben also gewissermaßen gar keinen Namen. Sie waren nur Besitz ihrer Herren. Ja, diese Leute haben den niedrigsten Stand.

Aber — der Gruß an sie steht im Römerbrief. Dieser Römerbrief war auch an sie gerichtet. In diesem Brief unterhält sich Paulus mit diesen

Sklaven über ihren Christenstand. Gewiß nickten sie Beifall, wenn sie lasen: Das Schreckliche in unserem Leben ist nicht die Sklaverei, sondern der Zorn Gottes über unsere Schuld. O ja, sie stimmten von Herzen dem Paulus zu, wenn er da rühmt: Es gibt einen Ort, an dem Gottes Zorn über uns gestillt wird: das Kreuz Jesu. Wie leuchteten sicherlich ihre Augen, wenn sie lasen: „Der Heilige Geist gibt Zeugnis unserem Geist, daß wir Gottes Kinder sind." Und: „Welche der Geist Gottes treibt, die sind Gottes Kinder." Da nickten sie sich zu: „Das sind wir: Gottes Kinder!"

Gibt es einen höheren Stand als diesen: Kinder des lebendigen Gottes? Gehören auch wir dazu? Haben wir dies innere Zeugnis des Geistes? Leben wir unter der Welt; oder bestimmt der Heilige Geist unser Leben? Wichtige Fragen!

Nun hat der Christenstand das Leben dieser Sklaven im Grund verändert. Die Massen der Sklaven in Rom waren eine ungeheure Gefahr. In ihren getretenen Herzen schwelten Haß, Neid und Scham. Und das brach immer wieder hervor in grausigen Sklavenaufständen.

Die Kinder Gottes waren davon befreit. Früher hatten sie aus der Tiefe ihrer Erniedrigung zu dem Aristobulus aufgeschaut, der auf den Höhen wandelte. Nun aber hatten sie erfahren: „Jesus hebt die Niedrigen aus dem Staube." Nun gehörten sie dem höchsten Stand an, dem der Kinder Gottes. Und ganz da unten — in den Tiefen eines verlorenen Lebens, da war ihr bedauernswerter Herr Aristobulus.

Es gibt viele unter uns, die zwar nicht Sklaven sind, aber die es erleben, wie Menschen sie erniedrigen und quälen. Und dann wird unser Herz von Haß, Neid und Unruhe erfüllt. Nun, wahre Christen sind dem entnommen. Sie haben den höchsten Stand, sie können immer hochgemut sein, sie können gar nicht gestürzt werden — sie sind Kinder des lebendigen Gottes.

Wie sehr diese Sklaven als Kinder Gottes über ihren Herrn Aristobulus erhöht waren, wird ja schon heute für uns deutlich: Wer würde sich für diesen Aristobulus noch interessieren, wenn in seinem Hause nicht Kinder Gottes gelebt hätten und von Paulus gegrüßt worden wären!

3. Wir sollten auch zu des Aristobulus Gesinde gehören

Aristobulus — eigentlich ein schöner Name. Übersetzt heißt er: Einer, der das Beste will. — Nein! Der Name paßte nicht zu dem Herrn dieser Sklaven. Der war verflochten in die Intrigen und Morde und Sünden seiner Familie.

Auf wen würde denn dieser Name passen? Ich weiß nur einen, der wirklich „das Beste will": Jesus, Gottes Sohn.

Was will er denn? Er sagt: „Ich bin gekommen, Sünder selig zu machen." Als ich dies Wort zum erstenmal hörte, dachte ich: „Da muß ich dabeisein! Sünder bin ich, selig werden will ich. Da muß ich Jesus haben." So kam ich zum Gesinde dieses einzigartigen Aristobulus.

Ich male mir aus: Da gehen zwei Sklaven in Rom über die Straße. Es fragt sie jemand: „Wem gehört ihr?" Sie antworten: „Dem Aristobulus." Und dabei lächeln sie. „Hat er viel für euch bezahlt?" — „O ja, den höchsten Preis!" — „Seid ihr so viel wert?" — „Nein! Wir können ihm nichts nützen." — „Ist er denn ein guter Herr?" — „Oh, der Beste, den es gibt!" Der Fremde schüttelt den Kopf: „Ich habe anderes über den Aristobulus gehört." Da lächeln die beiden wieder: „Wir gehören ja dem richtigen Aristobulus!" — Wir auch? Gott gebe es!

Paulus stellt uns einen Vetter vor

„Grüßet Herodion, meinen Gefreundeten."   Römer 16, 11a

Ist es nicht eine ausgefallene Idee, den Spuren der ersten Christen in Rom nachzugehen, die wir im Römerbrief finden?

Darauf möchte ich antworten: Die Gilde der einfältigen Christen — und zu denen möchte ich mich rechnen — hat einen Zug zu diesen ersten Christen.

Vor kurzem starb der schwarze afrikanische Schambala-Pfarrer Salomo Shangali Kibange. Das Betheler Missionsblatt veröffentlichte seine letzten Tagebuchaufzeichnungen. Da erzählt er von der Taufe eines Mannes namens Sengasu. Der war nur durch das Lesen der Bibel zum Glauben an Jesus gekommen. Aber er ließ sich noch nicht taufen, weil er so gern seine Frau mitbringen wollte. Schließlich war auch die Frau bereit zur Taufe. Sie erzählte: „Am Anfang dachte ich: Wenn ich meinem Manne auf dem Gotteswege nicht folge, wird er von dem Unsinn lassen. Aber als mein Mann sagte: Nun werde ich mit den Kindern getauft werden, und dich müssen wir allein lassen — da erkannte ich: Ich muß diesen Weg mitgehen."

Nun fragte der schwarze Pfarrer: „Welchen Namen wollt ihr in der Taufe annehmen?" Da antwortete der Mann: „Androniko. Und meine

Frau soll Junia heißen." — „Woher hast du diese Namen?" — „Aus dem Römerbrief, Kapitel 16, 7." So wurden denn diese Namen aus der Urchristenheit in Afrika neu lebendig. Und es störte niemand, daß Junias eigentlich ein Männername ist. Der schwarze Pfarrer bemerkte dazu, daß der Name „Andronikus" gut gepaßt habe. Denn der heiße auf deutsch: „der ein Kerl ist". Der schwarze Androniko-Sengasu wurde im Mshangai-Wald bald ein gesegneter Mann, der viele auf den Weg des Lebens führte.

Da haben wir's: Die einfältigen Christen fühlen sich verbunden mit den römischen Christen. Darum wollen auch wir diese weiter kennenlernen. Heute stoßen wir auf etwas Besonderes.

1. Zwei grundverschiedene Familien

„Grüßet Herodion, meinen — — —" da steht im Griechischen ein Wort, das in diesem Zusammenhang wirklich nur „mein Verwandter" heißen kann. Herodion war ein Blutsverwandter des Apostels Paulus. Ja, sie waren Vettern. Und doch — sie kamen aus grundverschiedenen Familien.

Über den Paulus sind wir im Bilde: Er gehörte zu den Pharisäern, die es überaus ernst nahmen mit der Religion. Da hielt man streng das Gesetz, da mied man den Umgang mit Heiden; da ruhte man am Sabbat, und man fürchtete Gott. Wir würden heute sagen: Diese Familie des Paulus war streng kirchlich.

Dagegen der Herodion! Sein Name verrät uns schon, daß die Familie mit dem sehr aufgeklärten Königsgeschlecht der Herodianer sympathisierte. Da galt Weltoffenheit, da lachte man über die strenge Religion der Väter, da lernte man von den heidnischen Römern die Kunst zu leben. Ich würde zu wenig sagen, wenn ich es so ausdrückte: „liberales Bürgertum". Nein! Diese Herodianer waren Lebemänner ohne Hemmungen.

Hier war die Lebensschule des jungen Herodion. Gewiß, man gehörte zu Gottes Volk (wir würden sagen: zur Kirche). Jedoch die Beschneidung war eine belächelte Zeremonie. Aber man tröstete sich eben doch damit, wenn einem je Gott einfiel — wie unsere getauften, unbekehrten Christen es mit ihrer Taufe machen.

Paulus, der ganz Gerechte, der von seiner Gerechtigkeit Überzeugte, und Herodion, der leichtsinnige Lebemann: zwei Welten! Und doch — es gefällt Gott, daß beide Vettern eine gründliche Änderung erfahren und wieder zusammenkommen — unter Jesu Kreuz. Paulus lernt, daß all seine Gerechtigkeit und Tugend vor Gott wertlos ist. Er, der ganz Gerechte, ist ein Feind Jesu gewesen. Als ihm die Augen darüber aufgehen, bricht er zusammen und ergreift die Versöhnung mit Gott durch Jesu Blut. Und der Herodion lernt, daß sein Leben eine Beleidigung Gottes ist. Er bricht mit seiner Vergangenheit und wird ein Eigentum Jesu, gereinigt durch seine Versöhnung, geheiligt dem Herrn! „Grüßet meinen Verwandten Herodion!" Nun sind die zwei eins geworden. Sie kennen nur noch e i n e n Ruhm. Paulus rühmt nicht mehr sich — Herodion nicht mehr die Vergnügungen Roms. Sondern beide rühmen das Heil Gottes in Jesus.

Ja, so steht's: Die einen müssen sich von ihrer Selbstgerechtigkeit, die anderen von ihrem Sündenleben zum Erlöser bekehren.

2. Der Geist weht, wo er will

Vielleicht hat jemand die Sorge, ich könnte aus dem Namen Herodion zu viel herausgelesen haben. Ich kann euch aber beruhigen. Der Text zeigt uns: Die Familie des Herodion hatte nicht nur Sympathie für das verkommene Königsgeschlecht, sondern war mit ihm verbunden. Seht, hier in Römer 16 schreibt Paulus: „Grüßet die Sklaven des Aristobulus." Und gleich darauf: „Grüßet die Sklaven aus dem Haus des Narzissus." Aber dazwischen unterbricht er sich. Er muß noch einen Mann aus des Aristobulus Hause grüßen, der nicht zum Gesinde gehört und darum besonders genannt werden muß. „Grüßet Herodion, meinen Vetter." Also aus dem Zusammenhang geht klar hervor: Der Herodion lebte in Rom im Hause des Aristobulus. Der Herodion lebte vielleicht als Sekretär oder als Freund im Palast des Aristobulus. Und nun erinnern wir uns, daß dieser Aristobulus ein Prinz aus dem herodianischen Königshaus war, der in Rom die Interessen der Herodianer vertrat. Welch ein Geist mag wohl in dem Palast dieses Aristobulus in Rom geherrscht haben! In Jerusalem wurden die Herodianer immer noch gebremst, weil sie gewissermaßen unter der Aufsicht der gesetzestreuen Pharisäer lebten. Aber hier in Rom! Da konnte man sich loslassen! Da konnte man tun, was man wollte. Der Pesthauch leichtsinnigster Sinnlichkeit vergiftete solche Päläste.

Hier also lebte der Herodion. Und hier fand ihn Jesus. Hier berührte ihn der Geist Gottes, daß er vor dem heiligen Gott erschrak, umkehrte und die Versöhnung durch Jesus glaubte. Hier, in diesem Sumpf, erlebte er eine wirkliche Wiedergeburt.

Nicht nur unter den Sklaven, sondern auch unter den Freunden des Aristobulus gewann sich der Mann mit der Dornenkrone seine Leute ...

Mir erscheint das so tröstlich: Wenn der Teufel auch noch so gewaltig in einem Herzen seinen Thron aufgeschlagen hat — Jesus ist doch mächtiger. Im Propheten Sacharja heißt es einmal von einem Mann: „Er ist wie ein Brand aus dem Feuer gerettet." Ja, von den Toren der Hölle kann der Herr Jesus Menschen wegholen und sie erretten.

Tröstlich ist das! Sowohl für solche, die an sich selbst verzweifeln, als auch für solche, die an anderen scheinbar vergeblich arbeiten. Der Herodion lehrt uns, keinen Menschen verloren zu geben.

3. Warum steht der „Vetter" so weit hinten in der Liste?

Wenn das kleine Fritzchen aus den Ferien einen Brief nach Hause schreibt, dann heißt es am Schluß: „Grüßt Vater, Mutter, die Tante, die Nachbarn ..." Das heißt: Die nächsten Verwandten kommen ganz zuerst dran. Und dann geht der Kreis weiter zu denen, mit denen man befreundet ist.

Diese Reihenfolge pflegt man bei den Grüßen einzuhalten. Nun schreibt der Apostel hier in Römer 16 eine lange Grußliste. Und der Vetter Herodion steht so weit hinten, daß man sich wundern muß. Warum?

Hier wird etwas deutlich, was die Welt unsagbar ärgert: Wer eine wirkliche Wiedergeburt durch den Heiligen Geist erlebt hat, daß er aus einem verlorenen Sünder zu einem heilsgewissen Kinde Gottes wurde, der bekommt eine neue Verwandtschaft, nämlich die Geistesverwandtschaft mit den anderen Kindern Gottes. Und diese Bande des Heiligen Geistes sind stärker als Blutsbande. Der Dichter Gerhard Tersteegen wurde von seinen Blutsverwandten für einen Narren angesehen. Aber im Blick auf seine Geistesverwandten sang er: „O wie lieb ich, Herr, die Deinen ...!"

Da geht uns ein wenig auf, welch eine wirklich einschneidende Sache eine Wiedergeburt ist. In diese Richtung weist uns das Wort Jesu, das wir nie ganz verstehen werden: „Wer zu mir kommt und haßt nicht seinen Vater, Mutter ..., dazu auch sein eigen Leben, der kann nicht mein Jünger sein."

Der Herr helfe uns, daß wir wirklich in der Gemeinde der Erretteten stehen!

Rechte Christen sind seltsame Leute

„Grüßet, die da sind von des Narzissus Gesinde in dem Herrn."
Römer 16, 11b

Reformationsfest wollen wir feiern!

Wir können es nicht besser tun, als daß wir von Herzen beten: „Wach auf, du Geist der ersten Zeugen ...!"

Im Reformationszeitalter ist dieser Geist neu erwacht. So müssen wir diese Bewegung ansehen. Es ging ja nicht um eine dogmatische Streiterei zwischen unverträglichen Pfaffen. Nein! Der „Geist der ersten Zeugen" rauschte mächtig durch die schlafende Christenheit und erweckte viele, daß sie in Jesus Heil, Leben und Frieden fanden.

„Wach auf, du Geist der ersten Zeugen!"

Die ersten Zeugen waren die Leute der Urchristenheit — nicht nur die großen Apostel, sondern auch all die „kleinen" Leute, die der Apostel Paulus im 16. Kapitel des Römerbriefes nennt. Ja, auch die Sklaven, die armen, namenlosen Sklaven aus dem Hause des Narzissus gehörten zu diesen „ersten Zeugen".

So scheint es mir ganz richtig, wenn wir am Reformationsfest diese Leute zu uns reden lassen.

Es gilt von ihnen, was man auch von den Reformatoren des Mittelalters und von allen „Zeugen Jesu" sagen muß.

1. Sie sind wie Schafe unter den Wölfen

Das ist ein unerhörtes Bild. Es stammt von Jesus selber. Der hat einmal seinen Jüngern gesagt: „Siehe, ich sende euch wie Schafe mitten unter die Wölfe."

So stand es nun auch um diese Christen „aus dem Gesinde des Narzissus". Das waren ja Sklaven des Herrn Narzissus. Dieser Mann ist uns wohlbekannt. Die drei großen römischen Geschichtsschreiber Plinius, Tacitus und Sueton berichteten von ihm. Er war zuerst auch ein Sklave des Kaisers Claudius gewesen. Weil er ein ehrgeiziger und sehr schlauer Mann war, gewann er einen unheimlichen Einfluß auf den Imperator. Der ließ ihn frei und machte ihn zu seinem Ratgeber. Nun war Narzissus der allmächtige Mann in Rom, vor dem seine Feinde zitterten. Wer sich ihm in den Weg stellte, der war verloren. Aber dann fiel er auf einmal in Ungnade. Seine Intrigen wurden aufgedeckt, und er wurde schmachvoll hingerichtet.

Das war also schon eine recht blutige und wölfische Umgebung, in der die Christen als rechtlose Sklaven leben und dienen mußten. Und das in einer Stadt, in der die Jesusleute schrecklich gehaßt, verleumdet und verfolgt wurden.

Wenn diese Sklaven in ihren heimlichen Versammlungen das Wort des Herrn Jesu vernahmen: „Meine Schafe hören meine Stimme ...", dann freuten sie sich über ihren guten Hirten. Aber sie dachten dann wohl auch: „In der Tat! Er sendet seine Schafe mitten unter die Wölfe!"

Das also ist die wahre Stellung der Christen. Die Reformatoren haben gerade das neu entdeckt. Calvin mußte aus Frankreich fliehen, Luther mußte sich vor den Mordplänen seiner Feinde auf der Wartburg verbergen. Die ersten Märtyrer der Reformation waren zwei junge Mönche, die in Lüttich verbrannt wurden. Als die Nachricht durch die Christenheit ging, fiel zuerst ein Entsetzen über viele. Aber Luther jauchzte. Er begriff: Nun sind wir wieder in der richtigen Stellung, daß die wölfische Welt, in diesem Fall die damalige Kirche, die Schafe verfolgt. Und er dichtete eines seiner schönsten Lieder, das mit den Worten schließt: „... der Sommer steht hart vor der Tür, / der Winter ist vergangen. / Die zarten Blumen geh'n herfür. / Der das hat angefangen, / der wird es auch vollenden ..."

Das klingt unseren Ohren hart. Aber je mehr die Kirche weltlich geworden ist, desto mehr hat sie den Charakter der Herde Jesu verloren und desto mehr ist sie selbst wölfisch geworden. So kam es, daß jene beiden Märtyrer von einer „christlichen" Kirche getötet wurden. Auch die evangelische Kirche hat je und dann die Schafe Jesu bedrängt, nämlich dann, wenn sie selbst Macht hatte und angesehen war. Das klingt unseren Ohren hart. Ja, wir verstehen es gar nicht, solange wir nicht wirklich Schafe Jesu geworden sind. Solange erkennen wir gar nicht den Wolfscharakter der unbekehrten Welt. Aber wenn wir selbst eine wirkliche Neugeburt aus Gott erfahren haben, dann verstehen wir Jesu Wort: „Ich sende euch wie Schafe mitten unter die Wölfe."

2. Sie sind nicht Revolutionäre, sondern Sprengpulver

„Grüßet, die da sind von des Narzissus Gesinde ..." Da schreibt der große Apostel Paulus nun seine Grüße an leibeigene Sklaven, als wenn es das Selbstverständlichste von der Welt wäre, daß Menschen wie Vieh verkauft, gekauft und in Besitz genommen werden.

Hatte er denn kein Gefühl dafür, daß dies eine Schändung und eine furchtbare Schuld ist? Und hatten denn diese Sklaven kein Gefühl dafür, daß ihre Stellung eine grauenvolle Schmach war?

Oh, der Paulus und die christlichen Sklaven haben das viel besser gewußt als alle Heiden rings um sie herum. Denn nur ein Christ weiß, was ein Mensch bedeutet. Er weiß, daß auch der Ärmste und Elendeste von Gott geschaffen ist und daß jeder Mensch ein Gedanke Gottes ist. Nur ein Christ weiß, daß jeder Mensch, auch der Verkommenste, dem lebendigen Gott so viel wert ist, daß er seinen eingeborenen Sohn für ihn hingab.

Diese Sklaven des Narzissus wußten wie Paulus: Uns hat Gott so hoch geachtet, daß er selbst uns durch Jesus zu seinen Söhnen und Töchtern gemacht hat.

Doch nun das Seltsame: Trotzdem hören wir nirgendwo von flammenden Protesten gegen Sklaverei oder von christlichen Sklavenaufständen. „Grüßet die Sklaven . . .“ sagt Paulus. Sonst nichts! Ja, dem entlaufenen Sklaven Onesimus riet er, da er nun Jünger Jesu geworden sei, müsse er zu seinem Herrn zurückkehren.

„Sind das schlappe Kerle!“ denkt ihr vielleicht. Aber — da irrt ihr euch. Beachtet bitte zweierlei:

a) Jünger Jesu sind Leute, die auch zu einer schweren Lage „Ja“ sagen lernen.

b) Diese Gemeinde Jesu, die in keiner Weise revolutionär war, hat doch die Sklaverei beseitigt. Sie hat die Welt gelehrt, wieviel der Mensch wert ist. Keine Gewerkschaft könnte heute die Rechte des Menschen vertreten, wenn das Abendland nicht zuvor christlich geworden wäre.

Christen sind nicht Revolutionäre, sondern Sprengpulver. Das zeigt auch die Reformation. Jeder Kenner weiß, daß Luther keine Revolution der Kirche wollte. Er folgte nur seinem an Jesus gebundenen Gewissen. E i n Mann tat das! Und es wurde eine gewaltige Erneuerung bewirkt.

Warum sind wir heute so harmlos? Und warum versucht man in der Kirche, diese Bedeutungslosigkeit damit zu verhüllen, daß man sich in die Welt stürzt, um ja dabeizusein, wenn irgendwo etwas geschieht?

Darum, weil es unter uns so wenig wirkliche Bekehrungen zu Jesus gibt. Aber — wo eine solche geschieht, da beginnt die Welt Gottes gewaltig einzubrechen. Und nachdem im Leben eines Bekehrten alles neu geworden ist, fängt er an, Erneuerung auszustrahlen.

Ach, darüber kann man nicht reden. Das muß g e s c h e h e n !

3. In aller Bedrohung sind sie „die Geborgenen"

Nun erinnern wir uns noch einmal an das, was wir anfangs von diesen Sklaven sagten: Sie waren wie Schafe unter den Wölfen. Sie lebten als Sklaven und erst recht als Christen in einer beständigen Bedrohung, Angst und Unsicherheit.

Und doch — seltsam! —, sie waren geborgene und sichere Leute, die in einer uneinnehmbaren Festung lebten. Da steht nämlich von ihnen das Sätzlein: „. . . in dem Herrn." Sie gehörten nicht zu jenen armseligen Christen, die immer von Jesus hören und doch in ihrem alten Zustand weiterleben. Nein! Sie waren Jesu Eigentum geworden. Und nun galt von ihnen, was der norwegische Professor Hallesby kürzlich in einer bedeutsamen Schrift sagte: „Jünger Jesu haben den Vorteil, daß sie ihr Leben am Herzen Gottes leben dürfen."

Und seht, da geht wieder eine gerade Linie von den Sklaven des Narzissus zu den Reformatoren. Luther kannte diese Geborgenheit gewaltig. Sein Kurfürst versteckte ihn auf der Wartburg. Aber als die Stunde kam, erklärte Luther, er wolle wieder nach Wittenberg. Entsetzt schrieb der Kurfürst, da könne er ihn nicht schützen. Die Antwort Luthers ist herrlich: Er brauche nicht den Schutz der Waffen und Mauern. Ja, er wolle wohl mit seinen Gebeten den Kurfürsten schützen.

Geht nun die Linie weiter zu uns? Bedrohte Leute sind auch wir in einer angsterfüllten Welt. Sind wir auch „im Herrn" Geborgene?

Die drei römischen Christinnen

> *„Grüßet die Tryphäna und die Tryphosa, welche in dem Herrn gearbeitet haben. Grüßet die Persis, meine Liebe, welche in dem Herrn viel gearbeitet hat."* Römer 16, 12

Nun kommen endlich die Frauen dran!

Eine lange Grußliste hat der Apostel Paulus seinem Römerbrief angehängt. Wohl kam in der Aufzählung gelegentlich eine Frau vor. Aber im großen und ganzen hatte man bis zu unserem heutigen Text doch den Eindruck, als wenn es in dieser römischen Gemeinde eigentlich nur Männer gegeben hätte. Wir atmen förmlich auf, daß nun doch ein Trüpplein Frauen erscheint.

Eigentlich ist das Ganze ja seltsam! Vor einiger Zeit evangelisierte ich in einer Schweizer Großstadt. Da versammelte sich jeden Abend der Mitarbeiterkreis der Gemeinde zum Gebet. Es waren 20 Frauen und zwei Männer, in der Zusammenstellung charakteristisch für die Lage in der heutigen Christenheit. Wenn der Römerbrief heute geschrieben würde, dann kämen in Kapitel 16 lauter Frauen vor und vielleicht ein ganz kleines Männertrüpplein.

Darüber sollte man nachdenken. Sicher spricht es sehr für die Frauen, daß bei ihnen ein größeres Heilsverlangen vorhanden ist als bei der stumpfgewordenen Männerwelt. Ein Mann sagte einmal spöttisch: „In die Kirche gehe ich nicht. Da sind ja fast nur Frauen!" Darauf erwiderte ihm eine Frau: „Dafür sind in den Zuchthäusern mehr Männer."

Sicher ist das Ganze auch eine ernste Frage an die Kirche: Warum nehmen die Männer die Predigt nicht ernst?

Aber das alles sind ja schon wieder Überlegungen eines Mannes. Wir betrachten jetzt die drei römischen Christinnen

1. Es ist schon großartig, daß sie hier genannt werden

Irgendwo las ich einmal den Satz: „Zu einer Zeit, als die Griechen sich noch darüber unterhielten, ob die Frau überhaupt eine Seele habe, wurde in Israel das Büchlein Ruth geschrieben — die Geschichte einer Frau, die in zartester Liebe Gott gehörte und in wundervoller Weise von ihm geliebt wurde."

So ist es: Die Stellung der Frauen war im heidnischen Altertum unwürdig. Sie waren seelenlose Objekte der Lust für die Männer oder willenlose Sklavinnen. Als ich dies kürzlich irgendwo aussprach, wies mich ein Kenner des Altertums auf einige Ausnahmen hin. „Gut", erwiderte ich, „aber das werden Sie doch zugeben, daß die Stellung der Frauen und Mädchen in einer Welt ohne Gott unwürdig ist. Hören Sie doch, wie moderne Tanzstundenjünglinge oder zotenreißende Bürger am Stammtisch von den ‚Weibern' reden!"

Welch andere Welt begegnet uns in der Bibel! Das beginnt da gleich gewaltig: „Gott schuf sie, einen Mann und ein Weib." Das größte Geschehnis der Weltgeschichte, das Sterben des Sohnes Gottes, geschah für Frauen ebenso wie für Männer. Ja, am Ostermorgen zeigte sich der Herr zuerst den Frauen. Und Paulus sagt von der Gemeinde der Erlösten. „Hier ist nicht Mann noch Weib ..." Welch göttliche Gleichberechtigung der Frau!

Gleichberechtigung! Wie ist darum gekämpft worden! Ich sah vor kurzem auf einem Bild aus der Zeit der Jahrhundertwende, wie eine englische Frauenrechtlerin verhaftet wird. Welch ein Kampf bis heute! Wie wunderbar ist daneben die Bibel, in der schon vor vielen tausend Jahren eine Sara neben Abraham steht und ihre eigene Geschichte mit Gott hat — wo eine Debora das Volk des Herrn im Streit führt — wo eine Tryphäna und Tryphosa gleichberechtigt neben den großen Mitarbeitern des Paulus begrüßt werden.

Das Evangelium erlöst die Frauen aus einer unwürdigen Stellung.

2. Sie tragen das Zeichen des Kreuzes

Vor kurzem erschien eine Auslegung des Römerbriefes von einem schwäbischen Lehrer. Da weist er fast erschrocken auf etwas hin, was kaum jemand beachtet, was für diese Frauen aber sicher sehr bedeutungsvoll war: Die Tryphäna und Tryphosa (wahrscheinlich Schwestern) bekommen bescheinigt: „Ihr habt im Herrn gearbeitet." Die Persis aber: „Du hast v i e l gearbeitet." Nicht genug damit! Paulus zeichnet die Persis noch dadurch aus, daß er sie „meine Liebe" nannte. Der Schwabe sagt: „Dies wurde in der Gemeinde öffentlich vorgelesen und konnte leicht zu Verstimmungen zwischen den dreien Anlaß geben. Paulus nimmt auf die ihrem Geschlecht hienieden immer noch in besonderer Weise anhangende fleischliche Eifersucht nicht die geringste Rücksicht."

Also — offen gestanden — das kann sich ein Pfarrer von heute nicht leisten. Da wäre Tryphosa mit ihrer Schwester „aus dem Frauenverein ausgetreten".

Warum kann Paulus solche wahrhaftigen Zeugnisse in der urchristlichen Gemeinde austeilen? Diese Frauen hatten ihr eigenes „Ich" mit Jesus gekreuzigt. Sie hatten begriffen und geglaubt: Das Todesurteil Gottes, das auf Golgatha vollstreckt wurde am Sohne Gottes, gilt mir. Mein Ich ist zum Tode verurteilt, und das Urteil ist vollstreckt. Paulus drückt das so aus: „Ich bin mit Christus gekreuzigt. Nun lebe nicht ich, sondern Christus lebt in mir."

Das ist praktizierter Christenstand. Und nun denke ich daran, wieviel wir selbst noch unsere eigene Ehre suchen, wie wir selbst oft noch gekränkt und beleidigt sind. Oh, wie schrecklich lebt unser eigenes Ich noch und quält uns und die anderen! Laßt uns doch ganz ernst machen mit der völligen Hingabe an den Heiland, der am Kreuz starb!

Daß es bei diesen römischen Christinnen so stand, wird noch aus einer anderen Bemerkung deutlich. Sie haben „in dem Herrn" gearbeitet — alle drei. Ich habe keine Ahnung, worin ihre Arbeit für Jesus bestand. Aber eines ist mir klar: Diese Frauen oder Mädchen suchten nicht mehr das Ihre. Sie suchten nicht mehr ihre Ehre, ihr Vergnügen, ihr Ansehen, sondern ihr eigenes Leben war gekreuzigt mit Jesus. Und nun waren sie gewissermaßen Hände des Heilandes, mit denen er selbst helfend in dies glanzvolle und doch so elende und verruchte Rom hineingriff. So verstehe ich das Wort, daß sie „in dem Herrn" gearbeitet haben.

Wie schön ist das: nicht mehr sich selbst gehören, weil das Ich schon gekreuzigt ist, sondern eine helfende Hand des Herrn Jesus sein. Da bekommt das Leben einen Sinn.

3. Die geheime Geschichte der Herzen

Da werden die drei Frauen in der Grußliste des Paulus genannt. Wir vernehmen bewegt diese fremdklingenden Namen und wissen: Die standen nun als wirkliche Christen auf dem leichtsinnigen, versuchlichen und für Christen lebensgefährlichen Boden Roms.

Die Frage läßt mich nicht los: Welche Geschichte ging voran, bis ihre Namen in diese göttliche Ehrenliste kamen? So gerne würde ich darüber etwas wissen.

Aber die Bibel schweigt. Versteht ihr, was dies Schweigen bedeutet? Ehe unser Name in den Listen Gottes stehen kann, muß unser Herz eine stille, verborgene Geschichte haben, die im tiefsten Grunde nur Gott und uns bekannt ist. Diese geheime Geschichte des Herzens mit Gott ist bei allen Christen verschieden. Aber zwei Dinge gehören notwendig dazu: der völlige Zusammenbruch aller eigenen Hilfsmöglichkeit und aller eigenen Gerechtigkeit. Wer das Wort „armer Sünder" noch komisch findet, hat keine Ahnung von dieser inneren Geschichte. Und das zweite: die strahlende Erkenntnis, daß uns in Jesus ein völliges Heil frei und umsonst geschenkt wird.

Wie gesagt — die Bibel berichtet nichts über die innere Herzensgeschichte der drei Christinnen. Nur bei der Tryphäna und ihrer Schwester Tryphosa entdecke ich eine Andeutung. Beide Namen bedeuten soviel wie Üppigkeit, Wollust, Luxus, Schwelgerei. Was müssen das für Eltern gewesen sein — echt Rom! —, die ihre Töchter so nannten! Und aus solchem Milieu heraus entschlossen sie sich, dem nachzufolgen, der am Kreuz starb. Welch eine Geschichte! Gott schenke uns allen die unsrige!

Ein junger Mann im alten Rom

„Grüßet Rufus, den Auserwählten in dem Herrn, und seine und meine Mutter."
Römer 16, 13

Vor einigen Jahren starb in einem Dörflein auf der Schwäbischen Alb ein Handwerker namens Gottlieb. Bei dem paßten Name und Mann zusammen. Er war — ich habe ihn gut gekannt — wirklich ein Heiliger. Dieser Mann sagte einmal: „Wenn ich mich im Lichte Gottes betrachte, finde ich an mir keinen guten Faden."
Bei diesem Wort ging es mir wieder ganz groß auf: Wirkliche Jesusjünger haben es endgültig aufgegeben, dem heiligen Gott gegenüber sich auf irgendein gutes Werklein zu verlassen. Sie hüllen sich im Glauben ganz in die Gerechtigkeit Jesu und halten sich selbst für arme Sünder.
Einer, der Gott kennt, wird bis zum Sterben stets nur sagen: „An mir ist — leider — kein guter Faden."
Obwohl es so ist, gilt doch auch das andere, daß über dem Leben der Jünger Jesu ein eigenartiger Glanz liegt. Es heißt da auch: „Siehe, es ist alles neu geworden."
Solch einen schönen Glanz sehe ich über dem Leben dieses Jünglings, der uns heute vor die Augen gestellt wird. Ein paar Jahrhunderte früher hatten die griechischen Künstler das klassische „Jünglingsideal" dargestellt in den Statuen, die wir heute noch bewundern. Versteht mich recht: Hier sehen wir das urchristliche „Jünglingsideal".

1. Ave Christus! Morituri te salutant!

Stellt euch einmal einen römischen Zirkus vor, wenn die großen Festspiele stattfanden: Tausende füllen das weite Rund des gewaltigen Baues. Unter dem tosenden Geschrei des Volkes betritt der Cäsar, der Kaiser über alle bekannten Reiche, seine Loge. Dann kommt ein erschütternder Augenblick: In der Arena unten springen Türen auf. In schweigendem Zug kommen die Gladiatoren, die Kämpfer anmarschiert. Vor der Loge des Kaisers aber reißen sie den Arm hoch, und in das Schweigen hinein tönt ihr rauher Schrei: „Ave Cäsar! Morituri te salutant!" — „Heil Kaiser! Die Todgeweihten grüßen dich!"
So ziehen die Christen aus Römer 16 an uns vorbei. Unter ihnen der Jüngling Rufus. Der Mann Paulus, der diese Leute hier grüßt, starb in Rom den Märtyrertod. Wie viele wohl von denen, die hier genannt sind, werden ihm darin vorangegangen oder nachgefolgt sein! Tod-

geweiht waren die Jesusjünger in Rom — auch der Rufus. Aber ihr grüßender Schrei gilt nicht dem blutbefleckten Kaiser, der sie in den Märtyrertod schickt. Er gilt einem anderen, einem herrlichen. Er gilt Jesus: „Ave Christus! Morituri te salutant!" „Heil dir, Christus! Die Todgeweihten grüßen dich!" Er ist der viel Mächtigere. Das hat dieser Rufus erfahren.

Wir kennen den Rufus gut. Die Gewalt des Herrn Jesus über die Herzen erlebte er zuerst bei seinem Vater. Der hieß Simon und war aus der Stadt Kyrene. Als er an einem Freitag vor dem Passahfest nach Jerusalem wanderte, überfielen ihn Kriegsknechte und zwangen ihn, dem zusammengebrochenen Jesus das Kreuz zu tragen. Seitdem war Simon dem Herrn Jesus verfallen. Es hieß bei ihm: „Wem anders sollt ich mich ergeben, / o König, der am Kreuz verblich . . ." So ähnlich bekannte er, als er von der Auferstehung Jesu hörte.

Richtige Christen üben keinerlei Zwang aus. Aber ihr neues Leben reizt die anderen, auch Jesus zu suchen. So erfuhren sie alle die Macht Jesu an ihren Herzen: die Frau des Simon, die Söhne Alexander und der junge Rufus. Sie glaubten: Dieser Jesus ist Christus, der Sohn des lebendigen Gottes. Er ist uns von Gott gemacht zur Weisheit, zur Gerechtigkeit, zur Heiligung und zur Erlösung. — Sie erlebten, jeder für sich, das große Wunder der neuen Geburt.

Welch eine wundervolle Familie, wo Eltern und Kinder dem Herrn gehören!

Als Paulus den Römerbrief schrieb, war der Vater wohl schon heimgegangen zu seinem Heiland. Wo der Bruder Alexander war, wissen wir nicht. Der junge Rufus aber lebt mit seiner Mutter in Rom, in dem gefährlichen Rom. „Ave Christus! Morituri te salutant!" steht nun über ihrem Leben. Ach nein! Ich habe es falsch gesagt: Jesus hat ihnen ja das ewige Leben geschenkt durch die Vergebung der Sünden. Nun heißt es bei ihnen: „Heil dir, Christus! Die d e m L e b e n G e w e i h t e n grüßen dich!"

2. Die alte und die neue Familie

„Grüßet den Rufus . . . und seine und meine Mutter", schreibt hier Paulus. Da hören wir von den zwei Lebensbereichen, in denen Jesusjünger leben.

„Grüßet Rufus und seine Mutter!" Da ist zunächst der Lebensbereich der natürlichen Ordnungen. Hier haben wir von der Familie zu sprechen. Ob ich wohl recht höre, wenn ich aus diesen kurzen Andeutungen im Text entnehme, daß ein unendlich köstliches und zartes

Verhältnis zwischen dem Rufus und seiner Mutter bestand? Das ist nicht einmal dort selbstverständlich, wo Kinder und Eltern im Glauben an Jesus geeint sind. Wieviel weniger dort, wo gläubige Eltern gottlose Kinder haben oder — und das erlebe ich so oft — wo gläubige Kinder unter ungläubigen Eltern seufzen. Zwischen zwei Generationen besteht immer eine tiefe Kluft. Aber es ist Gottes klarer Wille, daß diese Kluft überbrückt wird. Dazu gehört von seiten der Kinder einfach Gehorsam gegen das Gebot: „Du sollst Vater und Mutter e h r e n !" Ich beschwöre das junge Volk: Bittet Gott um solch ein gehorsames Herz! Und um die Kluft der Generationen zu überbrücken, ist auf seiten der Eltern viel Weisheit nötig. Ich beschwöre die Eltern: Bittet Gott um solche Weisheit!

Aber nun schreibt Paulus: „... grüßet seine und meine Mutter." Das ist für einen Weltmenschen verblüffend: „Nanu, war denn die Mutter des Rufus auch die Mutter des so viel älteren Paulus?"

Seht, hier erscheint auf einmal der zweite Lebensbereich, in dem Jesusjünger leben: die Gemeinde derer, die mit Ernst Christen sein wollen.

Nein! Die Mutter des Rufus war nicht die natürliche Mutter des Paulus. Aber diese Christenseele, diese mütterliche Frau war dem großen Völkerapostel Paulus zu einer geistlichen Mutter geworden! Hier dürfen wir zwischen den Zeilen lesen: Wie oft mag Paulus, innerlich müde, dieser Frau sein Herz ausgeschüttet haben! Und sie hatte immer ein heilsames Wort Gottes für ihn. Und gewiß: Sie konnte mit ihm und für ihn beten.

Die lebendige Gemeinde ist die neue Gottesfamilie. Sie ist einfach eine Wirklichkeit, die von den unbekehrten Weltmenschen nicht gesehen und begriffen wird.

Gibt es in dieser Gottesfamilie heute auch noch solche „Mütter in Christo"? O gewiß! Ich wünsche dem jungen Volk, daß ihr sie entdeckt und daß ihr euch den Trost nicht entgehen laßt, den unser Herr durch solche „Mütter" für euch bereit hat.

3. Der „Auserwählte in dem Herrn"

Ehe ich meine Predigt vorbereitete, sah ich mir ein paar Bilder der griechischen Idealjünglinge an: den Ringkämpfer von Lysippos oder den Diskuswerfer von Myron. Wie mag die Menge diesen Jünglingen zugejubelt haben, wenn sie im Sport siegreich waren!

In der Bibel geht es um viel Größeres: Unser junger Mann Rufus ist „ein Auserwählter im Herrn". Das ist etwas ganz Großes.

Auf einer christlichen Jugendkundgebung in der letzten Zeit hat ein junger Mann eine erschütternde Rede gehalten vor vielen tausend Jugendlichen. Er sagte: „Wir leben im Zeitalter des Massenmenschen und müssen das bejahen. Wir gehören einfach dazu ...!"

Das ist eine furchtbare Kapitulation. Das alte Rom war auch eine Stadt der Massenmenschen. Aber der Rufus hat diesen Zustand nicht für sich bejaht. Er hat sich von Gott herausrufen lassen, er hat die Erlösung durch Jesus als wirklich geglaubt, er hat „Fleiß getan, seine Berufung und Erwählung festzumachen" — und so wurde er ein Auserwählter in dem Herrn. Das ist genau das Gegenteil vom Massenmenschen: der Gottesmensch!

Was könnte doch aus uns werden — wenn Jesus ganz die Gewalt über uns bekäme!